楽しい論語塾

Yasuoka Sadako

安岡定子

致知出版社

はじめに――『論語』を教える五つの心得

私が、子供たちに『論語』を教えるようになって、十年目になりました。最初は、私自身もずいぶん緊張し、肩にも力が入っていたように思いますが、試行錯誤《しこうさくご》しながらも長く続けていくと、自分なりのコツというか、心構えのようなものが自然と身についたように感じます。

お子さんと一緒に『論語』を勉強してみよう、あるいはこれから塾を開こうと考えている方に、私なりに身につけた『論語』を教える五つの心得をご紹介しましょう。

一　自分が楽しむ

何よりもまず大切なことは「自分が楽しむ」こと。先生が楽しそうじゃないと、聞いている方も楽しくはないでしょう。子供が相手ならなおさらそうです。たとえ取り上げた章句やその解説の意味がなんだか分からなくても、『論語』って楽しいんだと分かってもらえるだけでもいいと思うほどです。だから私は教室に入る前には必ず「きょうも楽しく」とおまじないのように心の中で呟《つぶや》くのです。

二　声をきちんと出す

論語塾では素読を大切にしているので、大人も子供も声をしっかり出すこと、それが基本です。そのためには、まず私がはっきりと大きな声を出すことを心がけています。体調や感情によって声の張りや大きさにムラが出ないよう気をつけています。

三　山場はひとつだけ

きょうはまずこの話をして、その後子供たちの意見を聞いて、それからあの話をして……などと細かな段取りを考えてもほとんどその通りにはいかないものです。自分一人で講義しているわけではなく、相手があってこその論語塾です。だからきょうはこれだけを伝えたい、というものだけをしっかり持って子供たちの前に立ち、後は成り行き次第。六十分の時間があれば、その時間をどうするかではなく、その時間で何を伝えるかだけに集中します。

四　相手を楽しませる

自分が楽しむだけでなく、相手を楽しませることも必要です。でなければ次に来てくれません。大笑いするような話をすることだけが、楽しいこととは限りません。例えば質問を投げかけると、いろんな子がいろんなことを言います。そんな子供たち一人ひとりの意見をしっかりと聞いてあげるようにしています。心地よい緊張感の中で、しっかりと考える楽しさ、充実感を知ってもらうことも大事だと思います。

五　全体をよく見る

一人ひとりの意見を聞いてあげるためには、大きな声を出して主張する子ばかりに目を奪われるのではなく、教室の隅に静かにいる子供にも気を配る必要があります。何も言わない子は意見がないというわけではないのです。元気な子は自然に目に入ってきます。大人しく目立たない子ほどしっかりと気に掛けてあげることが大事だと思います。

そしてその講義がうまくいったかどうかは最後の子供の反応で分かるでしょう。「えーっ、もう終わりなの」と言わせればこちらの勝ちです。すべてを出し切ってしまうよりも、「もう時間なんだ、物足りないな」と思ってもらうくらいでやめることです。

「もっと『論語』の話を聞きたいでしょ、続きはまた来月！」

そんなふうに締めくくれたら大成功です。

楽しい論語塾*目次

第二章 人としてのあり方を示した教育者としての孔子

第三章 経験から生まれた言葉を残した哲学者としての孔子

第四章　スーパーマンだったわけではない人間・孔子

※章句は『心を育てる こども論語塾』（ポプラ社）『仮名論語』（伊與田覺・著、論語普及会）に準拠しました。

装　幀――川上成夫
編集協力――柏木孝之

序章

孔子、その四つの顔

子供たちと『論語』を学ぶ時、まず私は孔子がどんな人だったか、その人物像を話すようにしています。単に言葉を解説するだけではなく、その言葉をどんな人が、どんなとき、どんな思いで語ったか、それが分かってくるとまた違った面白さが沸いてくるからです。

本書でも、『論語』の章句の話に入る前に、私自身が感じる孔子の人となりを簡単にお話ししたいと思います。

孔子が生まれたのは紀元前五五一年、当時の中国は春秋戦国《しゅんじゅう》時代という戦乱の世でした。

父は軍人でしたが、早くに両親を亡くしています。寂《さび》しく辛い少年時代だったと思われますが、「吾十有五《われじゅうゆうご》にして学《がく》に志《こころざ》す」という言葉どおり、孔子は学問することを志します。

孔子は戦乱の世の中を少しでも良くしたいと思い、そのために学んだのです。国がよく治まっていた古き良き時代のリーダーは何を読み、どんな言葉で人を導き、その国にはどんな文化が栄え、どんな法律があったかということまで徹底的に学び、いまとの違いを見つけられれば、いまの時代を治めるヒントを得られるのではないかと考えたのです。このように孔子が学んだものは、古典つまり先人の教えだったのです。『論語』に出てくる「学ぶ」とは古典を学ぶことを意味します。

それが学者としての孔子の姿です。この学ぶという姿勢は一生貫かれます。十数年の研鑽《けんさん》の後、「三十《さんじゅう》にして立《た》つ」という心境になります。どうやらやっていけそうな目途《めど》が立つということです。この頃には、弟子がつき始めたといわれていま す。孔子の豊かな見識に惹《ひ》かれて集まってきたのでしょう。孔子は、優秀な弟子を育て、そうした人材が国のあちらこちらで力を発揮すれば世の中もよくなっていくと考えました。そのために弟子たちにも単に知識を詰め込むだけではなく、さまざまなことを教えようとします。

たとえば孔子は日頃から弟子たちに詩を読みなさいと言っています。当時、人の上に立つ者にとって、詩は身につけていなければいけない教養でした。使者として他国に行った時、訪問先の相手と詩のやりとりをする場面があるかもしれません。その時どう返答するかで、その使者の、ひいてはその国の実力が決まってしまうのです。どうしてこの場面でその詩が読まれるのか、それにどう答えるのかが大事なのです。知識を増やすだけでなく、このように教養も身につけることを弟子たちに望みました。

「四十《しじゅう》にして惑《まど》わず」――これは四十歳になり、道義を理解できたということです。学問を追求し、弟子を育てながら、孔子自身もさらに充実していきます。

孔子は人材教育をするために、また自分自身のために一層学んだことでしょう。そして古典を究《きわ》めれば究めるほど、優れた人物には仁《じん》の心―思いやりの心―が備わっていることを知るのです。そのため『論語』には「仁」という言葉がよく出てきます。孔子は弟子たちを学問一辺倒《いっぺんとう》ではなく、人間としても一流の人に育てようとしたのです。

これが教育者としての孔子の姿です。

「五十《ごじゅう》にして天命《てんめい》を知る」――孔子は五十歳になり、天命―天から与えられた使命―がわかった、と言っています。いよいよ孔子の人生も充実期を迎えます。

孔子の弟子たちは、孔子の下で学んだあと実社会に巣立っていきます。それぞれに現場で頑張ります。孔子は上に立つ者の徳によって国を治めていく徳治《とくち》政治を目指しました。しかし、現実はそれほど甘いものではなく、戦乱の世はさらに激しくなっていきました。

「六十《ろくじゅう》にして耳順《みみしたが》う」――耳順うとは、人の言葉を素直に聞けるようになったという意味です。孔子は六十歳になった時の心境をこんな言葉で表しました。五十歳代半ばで大臣まで上り詰めて、その後失脚《しっきゃく》し、長い放浪《ほうろう》の旅に出ます。まさにその旅の中で得た心境なのでしょう。世の中を嘆《なげ》き、自分の不遇《ふぐう》を嘆き、さぞもがき苦しんだと思われますが、そんな中にあっても、孔子は自分を磨き深めています。

孔子が残した言葉は、決して机上《きじょう》の空論ではなく、戦乱の世にあって、悩み苦しんだ体験から生まれた言葉だともいえます。そこに孔子のもう一つの顔である哲学者としての姿が見えてくるのです。体験から生まれた言葉だからこそ説得力があり、二千五百年たったいまも残っているのです。

学者、教育者、哲学者であった孔子、ともすれば人は孔子のことを清廉潔白《せいれんけっぱく》で堅物《かたぶつ》、融通《ゆうずう》が利《き》かない人物だというイメージを持っているかも知れませんが、孔子もまた人の子であり、親でもありました。

孔子は親元を離れて一人でやってくる弟子たちを可愛《かわい》がりました。自分は親を早く亡くしていますが、それだけに親が健在《けんざい》な弟子たちには親孝行をするようにと声をかけます。あるいは、「こんなに頑張ってもうまくいかない、嫌になってしまうなぁ」と孔子自身が嘆くこともあります。その一方で、入門はしたけれどとてもついていけないと言う弟子を頑張れと励ましたりすることもあります。時に人間味溢《あふ》れる孔子の姿が、『論語』の言葉から見え隠れするのです。

「七十《しちじゅう》にして心《こころ》の欲《ほっ》する所《ところ》に従《したが》えども、矩《のり》を踰《こ》えず」――心のままに行動しても、それが社会規範の中にきちんとおさまっていた、という意味です。孔子は七十歳の時には、こんな心境だったのです。完璧な人間になったともとれますが、エネルギッシュに駆け抜けてきた人生の最後に到達した、穏やかな老学者の呟《つぶや》きともとれます。

もともとスーパーマンのような人物ではなく、人間らしい弱さも持っていながら自分を厳しく律していく、そこがまた孔子の魅力でもあるのです。

学者、教育者、哲学者、そして人間らしい側面も持つ孔子。次章から紹介する章句とともに孔子の人間性にも触れていただければと思います。

第一章

生涯学び続けた学者としての孔子

ともかく「学ぶ」ことが大好きだった孔子。
しかし、間違ってはいけないのは
「学ぶ」ということは、ただ「知識」を
詰め込むだけではないということです。
学問を通して徳や思いやりを身につける、
それが真に「学ぶ」ということなのです。

◉——どこまで「考える」習慣を持っているか

吾《われ》嘗《かつ》て終日《しゅうじつ》食《くら》わず、終夜《しゅうや》寝《い》ねず、以《も》って思《おも》う。益《えき》無《な》し。学《まな》ぶに如《し》かざるなり」

——衛霊公《えいれいこう》篇

一見相反する二つの章句

孔子は言います。

「私はかつて、一日中食事もせず、一晩中寝ることもしないで考え続けたことがある。しかしそれは無駄なことだ。一人で悩み、考え込んでいるよりも人に学ぶことのほうが大切なことだと思った」

この章句をお子さんに説明する時、こんな質問をします。

「皆さんはご飯も食べないで何かに夢中になったことがある？」

「ご飯食べないと大きくなれない。それに寝なかったらお熱が出ちゃうよ」

四歳くらいの男の子は真剣な顔をしてそう答えてくれました。

私が「孔子先生はそんな大事なことすら忘れるほど真剣に考えたんですね」と言うと、「へえ、そうなんだ」と驚きの表情。

もう少し大きなお子さんは、「サッカーだったら楽しくて時間を忘れてしまうけれど、考え続けるだけで何時間も過ごすなんてとてもできないな」と答えます。自分ができないことをやっていた孔子に新鮮な驚きを覚えるようです。

ここで孔子は「考えているばかりでは何も解決しない、それよりきちんと書物や人から学ぶことが大事です」と語っているわけですが、別のところにはこんな章句もあります。

学《まな》びて思《おも》わざれば、則《すなわ》ち罔《くら》し。
思《おも》いて学《まな》ばざれば、則《すなわ》ち殆《あやう》し。

人は学んだだけで自分で考えることをしないと、何もはっきりとは分からない。一人で考え込むだけで広く学ばなければ、狭く偏《かたよ》ってしまう危険がある。つまり学ぶことも考えることもどちらも大切だと言っているのです。一見この二つの章句は相反《あいはん》するように見えますが、そうではありません。

孔子の生きた二千五百年前は学びたくてもその手立てさえなかなか見つからない時代でした。辞書や教科書がない分、寝ることも食べることも忘れるほど考えたのでしょう。しかし、それでも答えが出ないので、しかるべき師や書物を求めて学び続けなくてはいけない、ということに思いが至ったのだと思います。

現代は情報が溢《あふ》れ、その気になればいくらでも学ぶことができます。分からないことはインターネットなどを使えば、すぐに答えも見つかるでしょう。しかし、私たちはどこまで「考える」習慣を身につけているでしょうか。その姿勢を私たちは孔子に学ばなくてはいけないと思います。

徹底して学んだ孔子の説得力

『論語』が説く柱の一つに「学び」というものがあります。では孔子は一体、何を学ぼうとしたのでしょうか。

孔子の時代の「学び」は現代でいうそれとは大きく違います。その頃は六芸《りくげい》が君子のたしなみとされていました。

つまり、礼《れい》（礼節）、楽《がく》（音楽）、射《しゃ》（弓）、御《ぎょ》（馬術）、書《しょ》（書道、文学）、数《すう》（数学）です。

しかし、それに飽きたらずさらに向学心を燃やし続けたのが、ほかならぬ孔子でした。孔子は古典を徹底的に学ぼうとしました。その代表が『易経《えききょう》』と『詩経《しきょう》』です。『詩経』は詩ですから人間の情緒《じょうちょ》の部分をとても大切にします。一方の『易経』は論理的な宇宙の法則に始まり、君子といわれる人はどんな人物で、どういう価値観を持ち、どんな政治をしたかといったことが書かれています。私も少しかじりましたが、とても奥が深くてこれを理解するには何年かかっても極められるかどうかというほど奥が深いものです。

こうした学問は算数や国語の勉強とは違って単に暗記すればいいというものではありません。自分で思索《しさく》を巡《めぐ》らせ、より広くて深い心境に達しなくてはいけません。孔子にとってそれはどこまでいっても終わらない、一生かかっても続けていくべきものだったに違いありません。

しかも情報は限られています。書物を読み、先達《せんだつ》に話を聞いて学ぶ。そうして得たものをもとに考え、再び先生の話や書物で学ぶ。知識が増え、思索が深まるとさらに知りたい気持ちが高まりまた学ぼうとする。つまり「考え」「学ぶ」をどこまでも繰り返しながら人間性を高めていったのです。

「学び」に関して、『論語』にはこういう言葉もあります。

学《まな》びて厭《いと》わず、人《ひと》を誨《おし》えて倦《う》まず（学んで飽《あ》くことなく、人に教えて怠《おこた》ることがない）。

この章句を読むと、孔子は学ぶ大切さを口先だけで説くのではなく、無類の学問好きだったことが分かります。飽くなき向上心を抱き、学んだことは人々に伝えずにはいられない。そういう姿勢を貫いたからこそ「学ぶに如《し》かず」という言葉にも説得力があるのです。

体に入ったものは忘れない

「吾《われ》嘗《かつ》て終日《しゅうじつ》食《く》らわず、終夜《しゅうや》寝《い》ねず……」の章句は少し長いので、小さな子供たちには覚えにくいかなと思っていました。しかし、意外にも好きな章句として選ぶ子供がいます。「長い章句だから」「難しいから」というのは大人の思い込みで、子供なりに心に響くリズムがあるのでしょう。

最初は「巧言令色《こうげんれいしょく》、鮮《すくな》し仁《じん》」といった短くてリズムのいいものを好みます。四年生くらいになると、少し長くてストーリー性のあるものや孔子と弟子のやり取りを選ぶようになります。この頃になると『論語』のリズムを味わうだけではなく、意味も分かってきて、さらに面白くなってくるようです。これはどの教室にも共通する傾向です。

素読《そどく》をして体の中に入ったものはなかなか忘れません。小さなうちは良質なものにできるだけたくさん触れさせてあげて、体の中に入れてあげることが大切だと思います。『論語』だけではありません。音楽でもスポーツでも、なんでもやってみることです。経験に勝るものはありません。体に入ったものは必ず花を開かせる時がきます。

それがまた「学ぶ」ことの意義なのかもしれません。

◉――自分の一本道を真剣に歩いているか

朝《あした》に道《みち》を聞《き》かば、夕《ゆう》べに死《し》すとも可《か》なり

――里《り》仁《じん》篇

自分で創り上げるところに人生の醍醐味はある

この章句は、とても簡潔で一見分かりやすいので、学校の教科書などでも取り上げられることがあります。とても有名な言葉です。

けれども短い言葉ほど、実は奥が深いものです。今回は、孔子がこの言葉に込めた思いを考えてみたいと思います。

『論語』には「道」という言葉が何回か出てきます。例えば、「君子《くんし》は本《もと》を務《つと》む、本《もと》立《た》ちて道生《みちしょう》ず」（学而篇《がくじへん》）は、力を根本に注げば道は自ずと開けてゆくという意味で、私がとても好きな言葉の一つです。

この言葉も、今回の章句も、「道」の捉え方は様々です。おそらく孔子が語っているのは、人として踏み外してはいけない正しい道、道義のことでしょう。そしてさらにそれをどうやったら身につけられるかということまで含めて道なのだと思います。

「朝《あした》に道《みち》を聞《き》かば、夕《ゆう》べに死《し》すとも可《か》なり」とは、ある朝、人としての道がなんであるかを聞くことができたら、その日の夜に死んでもいい、という意味です。

戦乱の世にあって、孔子の不遇時代は長く続きます。そんな中で年齢も経験も重ね、孔子の思想はいよいよ深まっていったことでしょう。人の道を求めることは、孔子が一生をかけて追求すべき目的だったと思われます。もしも誰かが孔子に道とはこういうものだと教えてくれたとしたら、人生の目的そのものがなくなってしまいます。

人生の目的がなくなれば、生きている意味がなくなるから死んでもいい。けれども、実際は誰にもそれが分からないからこそ極めていく価値がある。それほどまでに道を求めることは厳しく、一生を懸《か》けて取り組むに値《あたい》するテーマなのです。

この章句を子供たちにお話しする時には、道を「自分の人生」と置き換えると理解しやすくなります。

例えば小学生の授業で、

「あなたが十五歳になった時、二十歳になった時、三十歳になった時、こんな大人になっていて、こんな仕事をしていますって、誰かが教えてくれたらどう思う?」

と聞くと、みんな口を揃《そろ》えて「つまんない」と答えます。中高生になってくると「楽でいいじゃん」という声や「ちょっとだけ将来を覗《のぞ》いてみたい」という女子学生の声もあります。

もし結果が分かっていたら、危ないことや困難なことは避《さ》けられるかもしれませんが、思いがけない喜びや感動、目標を達成した時の感激には出合えないでしょう。先が分からないからこそ面白いのが人生であり、自分で変えていったり、自分で創り上げていくところに人生の醍醐《だいご》味《み》があるのです。

いま夢中になって取り組んでいることがあれば、どうしたらそれが上手くできるようになるかと考えるでしょう。将来こんな仕事をしたい、あるいはこんな人になりたいという思いを抱《いだ》くようになったら、どうすればその思いが叶《かな》うかを自分で考え、努力できる人になってほしいと思います。

主体的に生きることの大切さ

子供たちに、「道」という言葉からどんなものを連想するかと聞いてみると、まず挙がるのが道路で、そこから高速道路や線路というふうに連想が広がっていきます。

このように子供たちがイメージする道路と同じように、実は私たちの人生もまた一本の道と言うことができます。振り返れば、そこにはいままで歩んできた道があり、目の前にはこれから進むべき道があります。

仲のよいお友達とも、たとえ同じ環境で育った兄弟姉妹であっても、皆違うそれぞれの一本道があります。その道を、ただ歩いていくのか、それともこうなったらいいなという目標を思い描き歩いていくのか。両者のゴールはまったく違ったものになるでしょう。

ゴールがどうなるかは見えないけれども、だからこそ、自分が思い描く姿になるためにどうしたらいいかを考え、努力しながら歩くことの大切さをお話しするようにしています。

小学校に入学すれば、六年後には卒業します。好きなものを見つけて、それに取り組む、あるいは自分なりの目標を持って過ごす六年間と、ただ漠然《ばくぜん》と過ごす六年間は天地ほども違います。それは次の中学、高校時代を過ごす六年間も同様で、主体性の有無は人生に大きな違いをもたらします。

どんな人生になるかは誰にも分かりませんが、どのような人生にしたいかは、自分で決められます。もちろん目指したとおりに進める子もいれば、途中でもっと違う出合いがあって、別の道に進む子もいます。しかし、いずれにしても主体的に歩むことが大切です。そうしていれば、よき道が開けていくことを小さいお子さんにもお話しするようにしています。

『論語』には、今回の章句とも関連の深い次の章句もあります。

「人能《ひとよ》く道《みち》を弘《ひろ》む。道人《みちひと》を弘《ひろ》むるに非《あら》ず」（衛霊公篇）

よき人物こそが理想のよき道を広めることができるのだ。道が人を広めるわけではない。自分が主体にならなければよい道は開けないという意味です。

すでにできている道を行くのが人生ではないし、誰かに言われてそこへ行くものでもありません。また、どんなに立派な道があっても、自分がそれに相応《ふさわ》しい人物でなければそこに進めませんし、自分に相応しい道しか開けていきません。自分がどういう道を進みたいかを考え、そのために努力することが素晴らしいのです。

人が羨《うらや》むような成功をしている人は、陰《かげ》で凄《すご》く努力をしていたり、人との繋《つな》がりを大切にしていたりするものです。そういう背景がなくたまたま成功しても、結局は長続きしないでしょう。

一本の道にも例えられる人生には、よい時もあれば悪い時もあります。いくら主体的に歩んでいても、思うように進めない時も当然あります。けれどもその人が、自分の一本道を真剣に歩いているか、そうでないかによって、その先の展開は大きく違ってくることも、今回の章句は教えてくれていると思います。

求めても求めても分からない道を、もし分かれば死んでも構わないというほどの思いで求め続けた孔子。孔子が様々な教えを通じて弟子たちに、そしていまを生きる私たちに伝えたかったのは、自身が貫いたそういう主体的、かつ真剣な姿勢だったのではないでしょうか。

◉——いかによき人物・書物に出会うか

性《せい》、相近《あいちか》し。習《なら》い、相遠《あいとお》し

——陽貨《ようか》篇

教《おし》え有《あ》りて類無《るいな》し

——衛霊公《えいれいこう》篇

日々の習慣が人生を決めてしまう

「性《せい》、相近《あいちか》し。習《なら》い、相遠《あいとお》し」と「教《おし》え有《あ》りて類無《るいな》し」。この二つもリズム感があって覚えやすく、お子さんにはとても人気が高い章句です。

先日、ある小学生の異年齢のクラスで『論語』のカード遊びをしました。『論語』の中から二十の章句を選び、それぞれ上の句をピンク色、下の句を水色のカードにして、裏返して机の上に並べます。そしてトランプの神経衰弱《しんけいすいじゃく》のように、上の句とペアになる下の句の言葉を当て合うというものです。

一人のお子さんが「性、相近し」の上の句を引いた時に、皆が目を輝かせて一斉に「習い、相遠し」と言いました。この章句はそのくらいよく親しまれています。意味は分からなくても、きっと音としてお子さんの体にスッと溶《と》け込んでいくのだと思います。

ここでいう「性」とは生まれつきの性格や性分を意味します。孔子は性善説の立場で、人は皆が等しく仁の心を持って生まれてくると考えましたから、「性」にはその意味も込められています。しかし、長い目でその後の人生を見ると、自分のよさや、仁の心を大いに発揮して幸せな人生を送る人がいる半面、正しい道から逸《そ》れて大切な人生を無駄にしてしまう人もいます。この差はどこから生まれるのでしょうか。孔子は「習い、相遠し」という言葉で、その人の習慣の違いにあると説くのです。

お子さんには、さらに噛《か》み砕《くだ》いて次のような説明をします。

「孔子先生は全員が仁の心を持っていると言っています。それなのに、世の中には人を騙《だま》して平気でいる人とか、傷つけてごめんなさいが言えない人とか、いろいろな大人がいるでしょ。きちんとした習慣を身につけていないと、せっかく仁を持って生まれてきたのに、それが育たないまま大人になってしまう。でも、いい習慣で毎日を過ごしていくと、もともと持っていた仁はそのまま育ってくる。だから、どのように日々を過ごすかがとても大事なんですね」

こども論語塾に幼い時から通っているお子さんは、「性、相近し。習い、相遠し」という言葉が音として入っていますから、高学年でその意味を学ぶとスッと心に響いてくるようです。

いかによき人物、書物に出会うか

もう一つの「教《おし》え有《あ》りて類無《るいな》し」は、「(この世には) 教育による違いは生じるが、

（生まれつきの）人間の（上中下の）種類などというものはない」という意味で、「性、相近し。習い、相遠し」とほぼ一緒の言葉です。ただ、「性、相近し」が習慣によって人生が変わるという章句であるのに対して、「教え有りて類無し」には教育の大切さが説かれています。

子供たちにとっての教育の場といえば、誰もが学校や学習塾などを連想するでしょう。孔子のいう教えは、学校の授業という意味ももちろん含まれてはいますが、むしろどのような人物や書物に出会って、どのようなよい影響を受けたかという意味合いが大きいように思います。大事なのは、長い人生を通してよき人物やよき書物を求め続け、人間的に大きく成長することなのです。

ただ、お子さんにいきなりその話をしてもなかなか理解してくれません。そこで「勉強もスポーツも自分の置かれた立場で一所懸命に頑張りましょうね」という話から始めます。

「どんなに辛い状況でも諦めずに努力を続けていれば、同じように一所懸命に学んでいる素晴らしい人と必ず出会うことができますよ。だけど、いい加減な生き方をしていると、いい加減な友達しかできません。立派な人が目の前を通っても、それに気づくことができない。それはすごくもったいないことですね」

学校生活にはどうしても成績がつきまといますから、特に中高生たちは「やってもどうせ無駄だから」「さぼりたい」という思いに駆られることも多いようです。しかし、そこで気持ちを前向きに切り替え、何事も懸命に学ぶ習慣を身につけることが、将来よき人物や書物と出会うきっかけをつくってくれることをぜひ知ってもらいたいと思っています。

忘れてはいけない『論語』の言葉

こども論語塾の講座の最後に私が必ずお子さんにお伝えする言葉があります。

「きょうの授業で勉強したことは全部忘れていいけれども、ただ一つ、仁という言葉だけは覚えておいてね」

毎回それを繰り返すので、お子さんに「人間に一番大事なのは何?」と聞くと、即座に「仁《じん》」という答えが返ってくるほどですが、仁は『論語』の中でそれくらい大切な教えだと私は思っています。

買い物の時、お母さんの荷物を持ってあげる、友人が困った時に助けてあげるなど、年齢によって仁の捉《とら》え方は様々ですが、一言で「思いやり」ということができます。成長するにつれて、いつの間にか靴がきつくなっているように、仁もまた年齢とともに大きくなっていくものなのではないでしょうか。だからこそ、そこには年齢に応じたいい習慣と教育が必要になってくるのです。

『論語』には「仁に親しむ」という言葉があります。この言葉には「思いやりのある人になる」ということに加えて、「仁を備えた人物に触れる」という意味も含まれています。

平たく言えば「仁を持った人物に出会ったならば、その人にしっかりくっついていなさい。近くにいていい影響をいっぱい受けなさい」という言い方ができると思います。

私もお子さん一人ひとりがそういう優れた人物と巡り合って、仁のある人となってくれることを願いながら、講師を務めています。

◉――中庸の徳こそ最高のもの

学《まな》びて思《おも》わざれば、則《すなわ》ち罔《くら》し。思《おも》いて学《まな》ばざれば、則《すなわ》ち殆《あやう》し

――為政《いせい》篇

学ぶことと考えることのバランス

最近、中学校の国語の教科書を開いていたら、この章句を見つけました。「学び」がテーマとなった章句なので、中学生も興味が持ちやすいという狙《ねら》いで紹介されたのでしょうか。

章句を訳すと、

「人から学んだだけで、自分でよく考えてみることをしないと、何もはっきりとは分からない。一人で考え込むだけで広く学ばなければ、狭く偏《かたよ》ってしまう恐れがある」

という意味になります。

前段にある「罔《くら》し」は「暗し」と同じ読みですが、意味は少し違います。多くの場合、「暗し」が物理的な明るさを基準にしているのに対して、「罔し」は物の輪郭《りんかく》がぼんやりしてはっきり見えない様を言います。なんとなく雰囲気は捉《とら》えているけれども、完璧《かんぺき》には捉え切れていない。そういう状態です。

後段の「殆し」は自分の考えに凝り固まってしまうことの危うさを示す言葉です。

この章句は学校の勉強に例えたら分かりやすいと思います。先生の授業を聞いて黒板の文字をノートに写し取り、その場で練習問題を解いたりすると、なんとなく分かったような感覚になります。これが「罔し」です。もちろんそれだけでは不十分ですから、知識を本当に自分のものにしたいと思うなら、家に帰って復習をしなくてはいけません。

一方で、いろいろなことに興味を持って「宇宙の仕組みはどうなっているのだろう」「人間はどう生きたらいいのだろう」と考えを巡らすのは楽しいし、それ自体はいいことです。しかし、これも実際に人や書物に学ぶことをしないと、何も身につかないままで終わってしまうのです。時として独りよがりな考えに陥《おちい》る危険性もあります。

ここで大切なのは「学ぶこと」と「考えること」はどちらも同じくらいに大切だという点です。そこには少しの優劣もありません。

しかし、『論語』を読んでいくと、時に「おやっ」と思うような章句にぶつかることがあります。

「子《し》曰《のたま》わく、吾《われ》嘗《かつ》て終日《しゅうじつ》食《くら》わず、終夜《しゅうや》寝《い》ねず、以《も》って思《おも》う。益《えき》無《な》し。学《まな》ぶに如《し》かざるなり（第一章 P18）」。（先生が言われた。「私はかつて一日中食べず、また一晩中寝ずに考えたが、得るところがなかった。やはり、書を読み、師について学ぶのには及ばないね」）

衛霊公《えいれいこう》篇の章句ですが、字面《じづら》だけだと、孔子は考えるよりも学ぶことのほうが大切と考えている、と解釈できないこともありません。お子さんのクラスでは、この章句を「学びて思わざれば……」と一緒に紹介することもあるので、「学ぶことと考えることは、本当はどちらが大切なの？」という質問を受けることもしばしばです。

しかし、孔子は考えることは意味がないと語っているわけではないのです。寝食《しんしょく》を忘れるくらい一所懸命に考えた。だけど考えただけでは解決しない、どうしても学ぶことが必要だと気がついた、というのが章句の意味ですから、考えることも学ぶことともに一所懸命でなくてはいけないというのが孔子の意図なのです。

ここのところは誤解を招かないように、特に丁寧に説明することにしています。

学校の授業もお友達との付き合いも、クラスでの話し合いも、考えなくてよい場面は一つもありません。

学校では先生から一方的に教えを受けるだけではなく、「本当にこのやり方でいいのだろうか」「どうしてこういう方式が生まれたのだろう」と常に自分で考える習慣をつけることが大切です。そこからいろいろなことに興味が湧《わ》き、将来就《つ》きたい仕事も漠然と分かってきます。「学ぶ」「考える」、この二つをバランスよく繰り返すことによって、自分の目指すレベルに高まっていくのです。

最高の徳は「中庸の徳」

孔子という人物もまた、このバランス感覚をとても重視していました。

「中庸《ちゅうよう》の徳《とく》たるや、其《そ》れ至《いた》れるかな」

（中庸の徳というものは、完全で最高だ）

という『論語』雍也《ようや》篇の言葉があります。祖父・安岡正篤《まさひろ》は「これがなくなったら人間ではないという最後のものが徳だ」と言っていますが、人間の最もベースとなる徳の中でも「中庸の徳」が最高であると孔子は言うのです。「中庸の徳」とは右にも左にも偏《かたよ》らないバランスの取れた人間性に他なりません。

私はこれを子供たちに伝えるのに「自分がやじろべえになりなさい」というお話を

します。とはいっても、いまはやじろべえを知らない子も多くいますから、私が両手を水平に伸ばして一方の手に本や辞書を持ち、「このままだと私はどうなるでしょうか」と質問します。するとやじろべえを知っている子が「本を持ったほうに傾きます」と答えてくれます。

「そうですね。勉強でもスポーツでも一所懸命やるのは大切だけど、それだけではバランスが取れているとは言えません。そこに仁の心（思いやり）がきちんと釣《つ》り合っていることが大事です。一方の天秤《てんびん》に仁の心がありさえしたら、もう一方の天秤には何をのせてもいいのかもしれませんね」

考えることと学ぶこと、勉強とスポーツ、勉強と遊び、これらのバランスを保つことはとても大切ですが、もう一つ忘れてはならないのは、何をやるにしてもそこに常に仁《じん》の心があるかどうかです。

祖父には祖父なりのバランスの取り方があったように思います。例えば、祖父が家でくつろいでいる時、きっと何か思索を巡らせているのだろうな、という雰囲気が伝わってくることがありました。だからといって厳しい表情をしているわけではありません。そういう日は手酌《てじゃく》をしながら家族とともに相撲《すもう》や時代劇を楽しんだ後、午後九時前後に「こうしちゃおれんから書斎《しょさい》に引っ込むよ」と言って席を立つのが常でした。

もちろん、講演や執筆に追われて書斎に籠《こ》もりっきり、という日も多かったわけですが、その仕事が一段落した後、自由に思索を巡らし書物の世界に浸っている様子は本当に幸せそうに見えました。「学びて思わざれば」の章句に触れる時、私はいつもそういう祖父の姿を思い出します。

◉――学びの中にも余裕が必要

道《みち》に志《こころざ》し、徳《とく》に拠《よ》り、仁《じん》に依《よ》り、芸《げい》に遊《あそ》ぶ

――述而《じゅつじ》篇

志を果たす上で何を拠り所としていくか

「子《し》、四《し》を以《も》って教《おし》う。文《ぶん》・行《こう》・忠《ちゅう》・信《しん》（第三章 P96）」（孔子は常に四つの教育目標を立てて弟子を指導された。古典の研究、実践、誠実、信義《しんぎ》の四つである）。この短い章句には孔子の教えが凝縮《ぎょうしゅく》されていると申し上げましたが、今回紹介する章句もまた、志を果たす上で忘れてはならない人としての心得を説いたもので、孔子の生き方や人生観を余《あま》すところなく伝えているように思います。

「道《みち》に志《こころざ》し」の道とは、人として踏み外してはいけないルールの意味です。『論語』にある「朝《あした》に道《みち》を聞《き》かば、夕《ゆう》べに死《し》すとも可《か》なり（第一章 P25）」「人能《ひとよ》く道《みち》を弘《ひろ》む（第三章 P30）」という有名な章句も同じ意味で「道」という言葉が用いられていますが、その道はただ漫然《まんぜん》と歩むのではなく、志を持って歩まなくてはいけないというのが孔子の教えです。

言い換えれば「こういう人になりたい」という理想的な人物像を常に心に描き、そこを目指して歩み続けることです。

次の「徳《とく》に拠《よ》り」とは徳を拠り所とすることです。道を求めるのにいくら崇高《すうこう》な志を持っていても、それが他人に不快な思いを与えるものだったり、独りよがりなもののであったら意味がありません。徳とは、人がもともと持っている「正しいことができる力」なのですから、道を歩む上では、その力を十分に発揮して正しいことは何かを自分で判断し、行動しなくてはいけません。

「仁《じん》に依《よ》り」も似たような意味で、道を求めて行動する場合にはいつも仁（思いやり）を心の中に置いておくことが大切です。徳をもう一歩進めて、どうすることが相手の幸せに繫《つな》がることなのか、相手に何をしたら喜んでもらえるか、を考え行動することが仁ある人の生き方と言えるでしょう。

この章句にある道や志、徳、仁といった言葉は孔子の教えの中核をなすものであり、孔子の考えを凝縮していると述べる根拠もそこにあるのです。

「遊ぶ」とは心に余裕を持つこと

では、「芸に遊ぶ」とはどういう意味なのでしょうか。「道に志し」「徳に拠り」「仁に依り」とともに、この言葉が並んでいることに意外な印象を持つ方もいらっしゃるかもしれません。

芸という言葉を聞いてまず頭に浮かぶのは、芸事やお稽古《けいこ》事といったものです。しかし、ここでいう芸とは孔子が生きた二千五百年前に学問の必須《ひっす》とされていた「六《りく》芸《げい》」のことです。

六芸とは、

「礼《れい》」（礼節）
「楽《がく》」（音楽）
「射《しゃ》」（弓術）
「御《ぎょ》」（馬車を操る技術）
「書《しょ》」（文学）
「数《すう》」（数学）

の六つで、これらを修めてこそ一流の大人と見なされていました。孔子は弟子たちにこれらを身につけさせるため、かなりのスパルタ教育を施していたようです。弟子たちの多くは将来政治家として大成し、世の中をよくしていきたいという志の持ち主でしたから、その厳しい教育によく耐え、切磋琢磨《せっさたくま》しながら勉強に励んだことでしょう。

ただ、スパルタ教育とはいっても、当世風《とうせいふう》の詰め込み教育とは大きく違っていました。孔子が何より重視したのは徳であり仁でした。「芸《げい》に遊《あそ》ぶ」とは、学問で頭がガチガチになるのではなく、学問をとおして徳や思いやりを身につけるだけの心の余裕を持ちなさい、という意味ではなかったかと私は解《かい》しています。

別の篇で、孔子が若い弟子の子夏《しか》に対して、

「女《なんじ》、君子《くんし》の儒《じゅ》と為《な》れ。小人《しょうじん》の儒《じゅ》と為《な》ること無《な》かれ（第二章Ｐ61）」（おまえは真実に道を求めて学ぶ人になりなさい。単に知識を求めて立身出世を求める人になってはいけない）

と言っていますが、視点を変えれば「知識にがんじがらめになってはいけない。人の気持ちを慮《おもんぱか》り、心遊ばせられる余裕を持ちなさい」という戒めでもあるのです。

孔子はまた、弟子たちに音楽や詩を学ぶことを奨励しています。これも人間的な余裕を持たせるためではないかと思います。

一流の人たちに共通したもの

「道に志し……」の章句をお子さんに紹介する場合、まず「自分のやっていることは正しいか、優しい気持ちを持っているか。この二つはいつも忘れてはいけません」と話します。「芸に遊ぶ」については、六芸の本来の意味を話すのは難しいので、次の

ように説明するようにしています。

「志を立てて頑張れるものを持つことは素晴らしいことですね。ただ、そういう時でも好きな音楽を聴いたり、美しい景色を眺めたり、心が安らぐものを他に持っていることが大切です。心がリラックスすると、より広い世界を見渡すことができ、また次に頑張ろうという意欲も湧いてきますよね。だからといって本来やるべき勉強やスポーツ（六芸）をおざなりにして、気分転換で始めたことにいつまでも熱中しているようではいけません」

一流と呼ばれる人たちは、皆さんこの章句を体現した方ばかりです。私はこの章句を読みながら、祖父・安岡正篤《まさひろ》の門弟である伊與田《いよた》覺《さとる》先生（論語普及会学監）や渡邉《わたなべ》五郎三郎《ごろうさぶろう》先生（福島新樹《しんじゅ》会代表幹事）のお姿を思い浮かべます。両先生とも九十歳を超えたいまなお、全国各地で古典の講義を続けられています。一つの道を探究しながらも、窮屈《きゅうくつ》さのようなものはまったくなく、高い品格と悠然《ゆうぜん》とした心の余裕をお持ちです。講義の内容も人を包み込んでしまうなんとも言えない薫《かお》りと格調の高さがありますが、この悠然さこそ、一流の人たちに共通した「遊び」なのだと思います。

そういえば私がお世話になった恩師も「百の力を持っている人が十の授業をするの

と、十一か十二の力しかない人が十の授業をするのは、その内容がまるで違う。昔の先生は力があったから授業の中身が濃かった」と話されていました。

子供たちに『論語』を教える立場に立ったいま、恩師のこの言葉は私の日々の指針となっています。まず私自身が『論語』を深く学び、深みのある授業を目指したいものだと思います。

第二章

人としてのあり方を示した教育者としての孔子

戦乱の世を治めるためには、
多くの人材を育てなくてはならないと
孔子は思います。
その孔子の教育は、
身につけた知識をいかに現実の場で生かすか、
さらには人間としてどう生きるかというところ
に及んでいきました。

◉——人生に大切な三つ。学習・友人・君子

学《まな》んで時《とき》に之《これ》を習《なら》う、亦説《またよろこ》ばしからずや。
朋有《ともあ》り、遠方《えんぽう》より来《きた》る、亦楽《またたの》しからずや。
人知《ひとし》らずして慍《いきどお》らず、亦君子《またくんし》ならずや

——学而《がくじ》篇

誰の心にも響く『論語』

私が講師を務める「こども論語塾」がいま全国二十か所に広がっています。参加されるのはゼロ歳児から小中学生までのお子さんとご家族、地域の皆さん方が中心。声を揃《そろ》えて『論語』を素読したり、意味を考えたり、とても温かい雰囲気に支えられながら講座を進めさせていただいています。

『論語』の面白さを子供たちに伝え始めて十年になりますが、日々いろいろな発見があります。まだ字を読めない年齢のお子さんがリズミカルな響きを楽しんでいる様子を見ると、素読の力を思い知らされます。音で体に入った名文名句は、その子の表現力、読解力、思考力を育むだけでなく、心で熟成《じゅくせい》され、長い年月を通して大切な人生の指針となるようです。

一緒に参加されるお父さん、お母さん方の表情の変化に驚くことも少なくありません。ご両親の多くは三十、四十代。中学校、高校の漢文の授業で『論語』を学び、文法などの堅《かた》苦しいイメージが焼き付いている世代です。ところが、子供たちと一緒に学ぶ中で「こんなに大切なことが書かれていたんだ」「あの孔子もくじけることがあったのか」と初めてその面白さに触れられるのです。きっと日本人の感性の深い部分で共鳴するところがあるのだと思います。

実際、『論語』は決して堅苦しいものではなく、孔子の人間性や弟子との関係が分かるにつれて、より身近なものとして感じられるようになります。それが『論語』を読む楽しさであり、同じ言葉でも子供は子供、大人は大人の立場で味わえるようになるのです。

続ければ立派な君子になる

「学而篇《がくじ》」にある前掲の言葉を味わってみたいと思います。『論語』の冒頭にも出てくるので目にされた方も多いと思いますが、この章句は江戸時代から「小論語」と呼ばれるくらい『論語』の根幹を言い表したものとして知られています。それだけに私も講座の最後にこの章句を読んで締め括《くく》ることにしています。

孔子がおっしゃった。

「学習したら、そのことについて、いつでも時間さえあれば復習する。それはなんと嬉《うれ》しいことではないか。同じ志を持つ友達がいて、遠方からやってきてくれる。なんとそれは楽しいことではないか。誰も自分の実力を理解してくれなくても、不平不満に思わない。それこそ立派な君子ではないか」

子供たちには原文の「之《これ》」の部分に好きな言葉を入れてもらいます。だいたい皆思い浮かべるものがあって、運動好きな子であればサッカーや野球を入れてきます。

その上で私は話を進めます。

「毎日一所懸命に練習しているとどうなるの？　上達するよね。人によってスピードは違うけれども、上達を自分で感じ取れた時は嬉しいじゃない？」

「どんなに目標を持って頑張っていても自分一人だと、やっぱりさぼりたいとかやめてしまおうとか思ってしまうことがあるね。でも弱気になった時、同じ目標を持った友達と語り合えたら楽しいし、力強い。そんな一生つきあえる友達が持てたらいいですね」

このように話すと最初の二つの文の意味はよく理解してくれます。

そして三つ目が肝心なのですが、自分のことを誰かに評価してほしいという気持ちは大人も子供も一緒です。努力している時ほど思いは強くなり、その分、評価されなかった時の落胆《らくたん》は大きい。がっかりした気持ちにとどまっていては君子《くんし》といえないというのが孔子の教えなのです。

子供たちでいえば、頑張っているのに野球のレギュラーを外された、ピアノの発表会で失敗して、がっかりしてしまった、という体験をしています。

しかし、面白いことに「じゃあ、発表会で失敗したからピアノをやめちゃうの」と聞いて「やめる」と答える子は一人もいません。もっと上手になりたいから、好きだからやめられないと言うのです。つまり、練習は褒《ほ》められるためにやるのではなく、目的は先にあると誰よりも子供たち自身が分かっているわけです。

そう考えると、子供たちは三つの章句とも既に実践済み、と言えないでしょうか。「だったら皆、君子ですね」と認めてあげた上で、「これからも、この三つを続けていったら立派な君子になれますよ」と励ましてあげる。これが私の役割ではないかと思っています。

まずは自分が志高く生きる

学びについて、孔子はいろいろな表現を使って述べています。誰よりも知識が豊富だった孔子は、「先生は生まれながらの天才ですか」と聞かれることがありました。

これに対し孔子は「私はただの学問好きです」と答えています。

孔子はなんの下地《したじ》もなく『論語』に収められた言葉を説いたわけではありません。孔子は二千五百年前の人物ですが、それよりずっと前に書かれた書を読み、過去にどのような天子がいて国を正しく治めたかを徹底して学んだのです。

過去に学ぶことがいかに大事かを孔子は知っていました。孔子のいう「学び」とは過去の聖賢《せいけん》に学ぶことであり、独自の学風を打ち立てることでも、偉くなることでもありません。「学《まな》んで時《とき》に之《これ》を習《なら》う、亦説《またよろこ》ばしからずや」という一文には、孔子のそういう謙虚で真摯《しんし》な姿勢が表れています。

次の「朋《とも》有《あ》り、遠方《えんぽう》より来《きた》る、亦楽《またたの》しからずや」ですが、孔子は別の章で「同じ志を持たない者とは語れない」とも言っています。つまり、この言葉は、よき友を選べ、人を見る目を持てという孔子のメッセージでもあるのです。

学びたい、こんな人物になりたいと真剣に思って生きていれば、必ず目標となる人物、思いを同じくする同志が見つかります。よき友との出会いと学問への取り組み姿勢は深く関わっているのです。

最後の「人《ひと》知《し》らずして慍《いきどお》らず、亦君子《またくんし》ならずや」。これは学而篇《がくじ》の最後にある「人《ひと》の己《おのれ》を知《し》らざるを患《うれ》えず。人《ひと》を知《し》らざるを患《うれ》う」に通じるものがあります。自分が志を持って主体的に歩いていくのが人生の第一義、他人の評価は第二義ということでしょう。

戦乱の世に生きた孔子の生涯はまさに不遇《ふぐう》の連続でした。この一文は、たとえ周囲の評価を得られなくても信念を貫き誇り高く生きた孔子の姿を端的《たんてき》に表現しているといってよいかもしれません。

皆様も『論語』を声に出して読み、遠き孔子の時代に思いを馳《は》せてみられてはいかがでしょうか。

◉――どんなに多くを学んでも、そこに仁がなければいけない

女《なんじ》、君子《くんし》の儒《じゅ》と為《な》れ。小人《しょうじん》の儒《じゅ》と為《な》ること無《な》かれ

――雍也《ようや》篇

孔子が説いた学問の目的

孔子はある時、若い弟子の子夏《しか》にこう言いました。

「君は志を持った徳の高い学者になりなさい。ただの物知りの小人の学者にはなってはいけないよ」

この章句には、私たちはなんのために学問をするのかという原点が説かれています。戦乱の世に生きた孔子は古典を学ぶことによって自分の身を修め、よき人材を育て太平の世の中をつくることを学問の目的としていました。

先人に学んで学問を究めれば究めるほど、優れた人物には深い仁（思いやり）の心が備わっていることを知った孔子は、弟子たちにもそのことを伝えていきます。ただ、孔子には自分が得た知識をすべて弟子たちに教えたいという〝教え魔〟の熱い一面がありましたので、弟子たちの中には孔子の溢《あふ》れるような知識を吸収することばかりに意識を奪われて、肝心の仁の心を忘れてしまう者もいました。

孔子の周りにいる弟子たちは皆、優秀です。お互いにライバル心を燃やして知識の量を競い合っている様子を、孔子は複雑な思いで見ていたのかもしれません。

子夏は孔子より四十四歳年下でした。高齢の孔子から教えを受けられる時間が古参《こさん》の兄弟子たちほど長くないと感じていたのでしょう。そのため一所懸命に学問に打ち込みます。孔子はそんな子夏を頼もしく思って見ている一方で、知識の吸収に熱心なあまり、人物修養がおろそかになってしまうのではないか、と心配していたようです。今回の章句は、そういう状況の中で孔子が子夏にかけた言葉なのだと思います。

徳をなくしたら人は人でなくなる

『論語』には、

「君子《くんし》は和《わ》して同《どう》ぜず、小人《しょうじん》は同《どう》じて和《わ》せず」

「君子《くんし》は義《ぎ》に喩《さと》り（敏感であり）、小人《しょうじん》は利《り》に喩《さと》る（第四章Ｐ１３６）」

というように、君子と小人を対比した章句がたくさんあります。君子に学ぶべきところと、君子にほど遠い小人の姿に自らを重ねて改めなくてはならないところが、とても明確に説かれています。

「君子は人と調和することはできるが、いい加減な気持ちで人に賛同してしまうわけではない。自分の考えをしっかり持っている（君子は和して同ぜず）」と聞いて、「そうか、当たり前のことだな」と思ってしまう人も、「小人は人の意見に左右されたり、損得を考えて賛成することはあっても、人と本当に理解し合うことがない（小人は同じて和せず）」と言われると「もしかしたら、自分もそんなことをしているかもしれない」と自分自身の問題として引きつけやすくなります。それが孔子の話術の巧《たく》みさです。

ところが、今回の章句はこのような対比とは少し違います。「君子《くんし》の儒《じゅ》」「小人《しょうじん》の儒《じゅ》」はどちらも同じ儒（学者）について語っているという点で少し分かりにくいかもしれません。ここで孔子が伝えたいのは同じ学者でも、学ぶ質やその求めているものが何かによって大きな差が出てくるということです。

先ほど申し上げたとおり、私たちが学問をする、何かを学ぶということは、身につけた知識をもとによき人物となり、よりよい社会をつくり、皆を幸せにするためです。ところが、そういう仁や志が抜け落ちると、ただの物知りになってしまうのです。

「小人の儒」とは、このただの物知りのことです。

祖父・安岡正篤《まさひろ》は著書『青年の大成《たいせい》』（致知出版社）で次のように述べています。

「人間たることにおいて、何が最も大切であるか。これを無くしたら人間ではなくなる、というものは何か。これはやっぱり徳だ、徳性だ。徳性さえあれば、才智・芸能はいらない。否、いらないのじゃない、徳性があれば、それらしき才智・芸能は必ず出来る」

孔子が説いた仁と祖父のいう徳は同じような意味に感じられます。根底に仁や徳があると、人は自然といろいろな学問を習得したくなるし、それは時間がかかっても必ず身についてくるでしょう。反対に仁や徳がないまま知識ばかり身につけようとすると、根っこがないまま育つことになります。いつか肩書や地位などがすべて取り払われた時、その人には何も残らなくなってしまいます。身につけた知識を使う時に哲学がなければ自分勝手な発想しか湧いてきません。

この章句は、知識偏重《へんちょう》のいまの世の中では、特に心に留めておきたい言葉です。

自分のことばかりに気を取られないで

この章句を子供たちに伝える時、私は『論語』に出てくる君子とはどういう存在かをまず考えてもらいます。その上で、私たちが目指している理想の人になるには仁が必須アイテムであることをきちんとお伝えします。

私たち人間は一人残らず仁を持って誕生しているので、生まれてきた時は皆、君子になるための学びのスタートラインに立っています。やがて学校に入学。勉強、スポーツ、お稽古事、なんでも夢中になっている時は誰に言われなくても前向きになります。「あれも知りたい」「これもやりたい」と次々に意欲が湧いて、いつしか実力もついてきます。

ただ、ここでとても大切なことがあります。自分のことばかりに気を取られていて、周りの友達のことや、本来自分がやらなくてはならないもっと大切なことを忘れていないかということです。

「自分だけよければいいという気持ちで勉強していると、困っている人が傍にいてもなかなか気がつかないものですよね。勉強すると計算問題が解けて漢字もいっぱい書けるようになるだろうけれど、優しさを失ったら友達はできないし、人を傷つけて平気という人になってしまう。みんなはそういう人になりたくはないでしょう？」

この私の説明に子供たちは素直に頷《うなず》いてくれます。

最後に、「受験勉強中だから家のお手伝いはしなくてもいい」という親御《おやご》さんの言葉を聞くことがあります。もちろん勉強に熱中するのはとても大切ですが、だからといってお手伝いをなおざりにしていい、というわけではありません。

受験勉強とお手伝いは、まったく質の違うものです。たとえ短い時間でもお手伝いをしていれば、その経験がその子の大きな成長に結びつくこともあるのです。受験勉強で身につけた知識を生かせるかどうかを決めるのは、その子の考え方や生活態度。そう考えれば、子供たちが将来「君子の儒」となるように協力してあげることも家族の大切な役割なのだと思います。

●——身近な人も師となる

故《ふる》きを温《たず》ねて新《あたら》しきを知《し》れば、以《も》って師《し》と為《な》るべし

——為政篇《いせい》

拠り所となるものはすべて過去にある

この言葉は、「温故知新《おんこちしん》」という四字熟語でもお馴染《なじ》みで、『論語』の数ある名言の中でも最もポピュラーな部類に入ると思います。

「昔の人の教えや過去のことを学習し、そこから新しい考え方や取り組み方を見つけられれば、人を教える先生となることができる」

比較的分かりやすい言葉ですが、とても奥が深く、孔子の考え方が凝縮して表現されていると私は思います。ですから、子供たちに『論語』を学んでもらうためにまとめた自著では一番初めにご紹介しているのです。

実際の『論語』で最初に紹介されているのは、これも有名な、「学《まな》んで時《とき》に之《これ》を習《なら》う、亦説《またよろこ》ばしからずや」という言葉です。ここで孔子が「学んで」と言っているのは、先哲の考え方や生き方を記した古典を学ぶということで、「故《ふる》きを温《たず》ねて」もこれと同じことが説かれています。

『論語』では、弟子たちの疑問にいつも的確に答えてくれる孔子に対して、ある弟子が「先生は生まれながらの天才ではないでしょうか」と問う場面があります。

これに対して孔子は、私はただの学問好きで、過去を徹底的に学んだだけであり、自分で何か新しい学説を創り上げたわけではない、と答えています。

孔子は、戦乱の世を治めるヒント、よりよい生き方を古典に求めました。自分の生きる時代の拠《よ》り所とすべき思想、哲学はすべて過去にあり、先哲《せんてつ》の生き方を学ぶのが孔子にとっての学だったのです。

これに対して「新しきを知る」は、逆に将来に目を向け、これから先どういうことが起こるかという見通しを持つことです。

しかし、先のことは誰にも分かりません。けれども、古典を通じて昔の知恵を学べば、おそらくこうなるだろうという見通しを立てることができます。「新しきを知る」ためには、やはり「故きを温ねる」ことが大事なのです。

素晴らしい人物から影響を受けなさい

「温故知新」という四字熟語は有名ですが、その四文字にばかり光が当たるため、この後に続く「以《も》って師《し》と為《な》るべし」という言葉の重みが見過ごされがちです。

孔子はいつも弟子たちに、ただ学ぶだけでは不十分で、身につけた知識を現実の場で生かさなければならないことを説きました。温故知新という教えに従い、過去に学び、将来の見通しが立てば、いま自分が何をなすべきかというアイデアが生まれます。孔子は、そのよいアイデアをもとに実際にアクションを起こせる人が師、つまりよい先生であり、そういう素晴らしい人物を見つけたら、側《そば》にいてよい影響をたくさん受けなさいと説いているのです。

ですからここで言う「師」とは、ただ理屈を述べるだけの学者や先生ではなく、古典を通じて優れた哲学を持ち、それを実践している人のことをいいます。

孔子は別の場面でしばしば「仁《じん》に親《した》しむ」とも述べ、仁を身につけた「仁者」に学ぶことの大切さを繰り返し説いています。ここでいう「師」も「仁者」も、『論語』でお馴染《なじ》みの「君子」に近い存在で、孔子が求めていた理想的な人間像と考えられます。

祖父母の世代と触れ合うことが大切

小さな子供たちには、将来の見通しを立てたり、古典を学ぶといったことはまだ難しいことですから、身近な人を挙げてお話しするとよく理解してくれます。

例えば、自分たちの最も身近なところには、親という年長者がいます。自分よりいろんなことを知っていて、日々自分を導いてくれる親は、その子にとっての師といえます。あるいは夏休みに田舎《いなか》に行けば、お祖父さんが素晴らしい遊びの達人であったり、歴史をよく知っていたり、あるいはお祖母さんが障子《しょうじ》を見事に張り替えたり、いろんな生活の知恵を教えてくれたりすることもあるでしょう。

過去の偉大な先人ばかりでなく、身近なところに、自分の知らないことや、できないことを会得している人はたくさんいます。極端に言えば、自分より一年でも年長の人は、その分経験が勝っています。そういう人たちの話に耳を傾けたり、学んだりすることも「故きを温ねる」ことに通ずるのです。

これは余談ですが、昔の人はいまほど便利なものがない中、自分の手足や頭を働かせ、自らが主体となって仕事をしたり、日々の生活を営んだりしていました。大抵のことは機械やパソコンがやってくれる現代に生きる私たちは、何もないところから工夫し、自分の力で物事をやり遂げたり、その体験を積み重ねてきた昔の人から学べることがたくさんあるはずです。

しかも子供たちの世代は、私たち大人の世代よりもさらに時代が下っているため、祖父母の世代と触れ合うことで様々な驚きの体験をし、昔の人の凄《すご》さを実感するきっかけになると思うのです。

一貫性のある孔子の話

子供たちにはそういうお話を交えながら、古いことと新しいことの両方が分かっていて、それをちゃんとできる人がいい先生です、と単純明快にお話しすると、すぐに理解してくれます。

中学生や高校生くらいになると、歴史上の偉人を例に挙げたり、実際に『論語』に出てくる堯《ぎょう》や舜《しゅん》の話を交えて説明すると、イメージが膨《ふく》らみ、より深く理解してくれます。孔子も弟子たちに対して、過去の偉人を想定して話をしていたと思うので、そのほうが孔子の解説にも近くなります。

「故《ふる》きを温《たず》ねて新《あたら》しきを知《し》れば、以《も》って師《し》と為《な》るべし」という言葉は、こうして突き詰めて考えてゆけば、結局のところ、先にご紹介した「学《まな》んで時《とき》に之《これ》を習《なら》う、亦説《またよろこ》ばしからずや」という言葉にも通じていることがご理解いただけたことと思います。

このように孔子の言葉は、どこを取り出しても一貫性があります。『論語』をいまの時代の人が読んでも得るところが多いのは、孔子の教えにブレがないからであり、自分自身の生き方を探る上でも、子供たちを導く上でも、確固たる拠《よ》り所として私たちをしっかりと導いてくれるからなのです。

◉――人を見る目を養う

人《ひと》の己《おのれ》を知《し》らざるを患《うれ》えず。
人《ひと》を知《し》らざるを患《うれ》う

――学而篇《がくじ》

人を見る目を持つことが大切

この章句は、言い回しが難しいにもかかわらず、好きな『論語』の言葉にこれを選ぶお子さんが多いことに驚かされます。

人は誰しも自分のことを評価してもらいたい、認めてもらいたいという欲求を持っているものです。しかし、他人が自分の実力を理解してくれないからといってがっかりしてはいけない、と孔子先生は言い切っています。

前半の「人《ひと》の己《おのれ》を知《し》らざるを患《うれ》えず」は、「学《まな》んで時《とき》に之《これ》を習《なら》う、亦説《またよろこ》ばしからずや」に続く、「人《ひと》知《し》らずして慍《いきどお》らず、亦君子《またくんし》ならずや」とほとんど同じ意味です。ここでは、評価されなくてもやるべきことを淡々《たんたん》と実行していればいい、という段階からもう一歩進んで、「他人の実力を自分が見極められないことこそ心配しなさい」と後半で付け加えているところが重要なところだと思います。

孔子が生きた時代は戦乱の世です。政治は乱れ、不正を行う役人たちがたくさんいました。そこで孔子は「戦乱の世を治めるにはよき人材が必要だ」と考え、人材教育を徹底的に行います。

弟子たちは、古典を根本に据《す》えて、熱い気持ちで切磋琢磨《せっさたくま》しながら学んでいきますが、やがて先生の下《もと》を巣立っていきます。実社会で全く違う環境に身を置くことになります。最初はいい顔をして近づいてきたけれども実は腹黒い人だったとか「君にいいポストを用意するから……」といった誘惑も頻繁《ひんぱん》にあったでしょう。

そういう実戦の舞台に出ていった時に、自分が評価されることばかりを望んでいては社会貢献はできません。きちんと人を見る目を持っていないと、正しいことを行えなくなります。あるいは正しいことを見失ってしまうかもしれません。また、人の上に立った時、よき人材を適材適所に置き、存分に力を発揮してもらえるようにしなければ、信頼される善《よ》い政治はできません。志を持ちながらも長い不遇《ふぐう》の時代を経験した孔子だからこその実感なのだと思います。

実社会で活躍していける人物になってほしいという強い願いを込めて、「自分が評価されない不遇を嘆《なげ》くよりは、自分が人を見る目を磨かないとダメだ」と、孔子は言っているのではないでしょうか。

「由や堂に升れり。未だ室に入らざるなり」

この章句のもう一つの解釈としては、「他人を認めてあげなさい」という意味もあるかと思います。

「恕《じょ》」や「仁《じん》」などの言葉に代表されるように、『論語』には自分の心と同じように他人の心を思う、という考え方があります。自分が認めてもらいたい欲求を持っているということは、当然他人もそうなのですから、その気持ちを慮《おもんぱか》ることがとても大切です。

『論語』の中には、孔子が弟子を叱咤《しった》激励《げきれい》する場面がいくつも出てきますが、ここでは「人の己を知らざるを患えず。人を知らざるを患う」の教えを象徴している章句を紹介したいと思います。

「子曰《しのたま》わく、由《ゆう》の瑟《しつ》、奚《なん》為《す》れぞ丘《きゅう》の門《もん》に於《お》いてせん。門人《もんじん》、子路《しろ》を敬《けい》せず。子曰《しのたま》わく、由《ゆう》や堂《どう》に升《のぼ》れり。未《いま》だ室《しつ》に入《い》らざるなり」（先進篇《せんしんへん》）

由とは弟子の子路のことです。子路は男気《おとこぎ》のある熱血漢《かん》で、楽器を奏《かな》でることは苦手だったようです。ある時、孔子が若い弟子に、「子路の奏でる琴《こと》が外に聞こえると恥ずかしいから、私の家では弾いてほしくないな」と冗談交《ま》じりに言うと、若い弟子はその言葉をそのまま受け止めて、子路を尊敬しなくなってしまいました。

孔子はそんな弟子の態度を見て、「子路はすでに堂《どう》に昇っているが、まだ室に入らないだけのことだ」と諭します。堂とは身分の高い人が入ることのできる表座敷のことで、室とは奥の間のこと。ここでは、道義を究《きわ》めることの段階を表わしています。

つまり、「子路は芸術の奥義を究めてはいないけれども、実社会では立派な人物と評価されているのであって、まだ堂にも行っていない君たちよりずっと偉い。そういう態度をとるのはよくない」と言っているのです。

このように孔子は、弟子の素晴らしいところは認めつつ、未熟なところは教え導く。人物を見抜く目が非常に優れた教育者だったことが窺《うかが》えます。

祖父・安岡正篤の遺した言葉

私は『論語』を読むと、この章句が祖父・安岡正篤《まさひろ》の姿と重なり合うことが少なくありません。祖父は生前、「人を見る時は肩書きや経歴を全部取り払って、その人自身がどういう人間なのかを見ないといけない」と、話していました。

祖父の私たち孫への接し方は、私たちが理解できるかどうかはお構いなし。子供だからといって分かりやすく話すことをしない人でした。大切なことを大人に話すのと同じように、語っていました。

私は当時まだ幼かったので、その言葉の意味を全く理解できませんでしたが、いま思えば、その人がどういう仕事をしているのか、肩書きはなんなのか、裕福なのか等々、そんなことで自分の態度を変えてしまう。それは大変恥ずべきことであるという考え方が祖父の根底にあったのだと思います。

また、祖父の周りには若いお弟子さんをはじめたくさんの方々がいましたが、私たち家族の前であいつはどうだこうだと、批評する言葉は一切口にしなかったことも印象に残っています。

昔は、親は学校の先生の悪口を絶対に言わなかったものですが、それと同じ発想なのかもしれません。その人に対して先入観を持ってはいけない、人のことをとやかく言うべきではないということを、祖父は身を以《もっ》て教えてくれていたように思います。

私たちは普段、少し距離のある人や苦手な人に対しては、先入観やイメージに囚《とら》われ、正しく公平に評価できないこともあるのではないでしょうか。だからといって、その人の言葉までを受け入れないというのは間違っています。

感情で人を判断するのでなく、その人の中身を見る目を養うことが君子になるための大事な要素の一つであると思います。日常のありようを反省する材料としてこの章句を生かしていきたいものです。

変わらない原理

巧言令色《こうげんれいしょく》、鮮《すくな》し仁《じん》
剛毅木訥《ごうきぼくとつ》、仁《じん》に近《ちか》し

——学而篇《がくじへん》
——子路篇《しろへん》

口先の人よりもハートで行動できる人に

この言葉は子供たちにとても人気のある二つの章句で、ともにシンプルな中に深い意味が込められています。

「巧言令色《こうげんれいしょく》、鮮《すくな》し仁《じん》」は『論語』冒頭の学而第一《がくじ》、「剛毅木訥《ごうきぼくとつ》、仁《じん》に近《ちか》し」は後半の子路《しろ》第十三にある章句ですから、別々の背景の中で孔子が発した言葉と思われますが、伝えようとする思いは同じです。

私は大人の皆さんにこの言葉を理解いただくため、「巧言はお世辞《せじ》、令色は相手に気に入られようとするつくり笑顔と思ってもらったらいいと思います。そういう人に限って誠実さが少ない、という意味です」とお話をします。

後半の章句の剛毅については「自分の決めた志をやり遂げようという意志の強さ」、木訥はその言葉通り「口べたで、自分を上手に表現できなくても行動が立派な人」と説明し、「ただ、口先だけの人より行動が立派な人のほうが素敵ではないですか」とお伝えすると、皆さん頷《うなず》いてくださいます。

ところが、子供たちに、この難しい言葉の意味を理解してもらうのはなかなか大変です。ですから意味を細かく説明するのではなく、例えば「お友達に気に入られようと思ったり、この子と仲良くしていたら何か得しそうだなと思ってニコニコするのはよくないでしょ」と質問すると、皆口を揃《そろ》えて「よくない、よくない」という答えを返してきます。

あるいは「この人が本当に自分のことを思って怒ってくれているのかどうか、ちょっと話をしたら分かるでしょ」と聞くと「分かる、分かる」と一斉《いっせい》に答えます。子供たちは大人以上に人の心に敏感《びんかん》なのかもしれません。

剛毅木訥について話す時は、口べたとか恥ずかしがり屋さんとか、子供たちがイメージしやすい例を挙げながら「少しくらい口べたでも優しい人のほうが素敵でしょ。だから思いやりのある行動を取れることが大切です。ハートの温かい人になりましょうね」といった表現をします。

子供たちは素読の音を楽しむ

大変興味深いのは、言葉が難しいにもかかわらず、これらの章句を子供たちはよく覚えてくれることです。

『論語』を第一章から順番に勉強していくと、剛毅木訥の章句を学ぶのは巧言令色の章句を学んだずっと後です。しかし、剛毅木訥を説明しながら「そういえば、前に似たような言葉を学んだよね」と質問すると、子供たちは「巧言令色、鮮し仁です！」ときちんと即答することができます。

こういうこともありました。ある外部の方がお見えになり、小学三、四年生の男の子に「『論語』のどういう言葉が好き？」とインタビューされた時、やはり巧言令色を挙げる子が多くいました。「どういう意味か分かる？」と聞かれて、子供たちは「口先だけの人は駄目です」「嘘《うそ》をつく人はいけない人」と私の教えたことと表現こそ違え、言葉の本質を捉《とら》えた答えをしていたのです。

このようなやりとりができる秘密はなんだったのでしょうか。ある時、私は子供たちが『論語』の言葉を意味ではなく音で楽しんでいることに気づきました。巧言令色はリズムを刻むと、巧・言・令・色・鮮し・仁ときれいな二拍子です。小学校一年生のクラスの子が会場の体育館から教室に戻る時、この言葉を唱えながらリズムよく行進する姿には思わず笑ってしまいましたが、それだけ子供たちの心にスッと溶《と》け込んでいくのだと思います。

宮城県塩竈《しおがま》市の剣道連盟の論語塾では、一人の低学年の男の子が「剛毅木訥」が好きだと感想文に書いてくれました。その理由は、「この言葉はなんとなく強そうなので、試合の前に唱えています」とのことでした。

子供たちの感性には、いつも驚かされてばかりですが、形はどうあれ古典の英知が少しずつでも子供たちに浸透していったら、こんなに嬉しいことはありません。

もちろん、小さな子供たちは、『論語』を音で楽しむばかりで、意味は理解できないかもしれません。しかし、音で蓄積された教えは、将来、何かの物事にぶつかった時、きっと心の支えとなってその壁を乗り越えさせてくれるものと私は信じています。

大事なことは昔から変わっていない

一方、論語塾に子供たちと一緒に参加される大人の皆さんの多くは、言葉を理解し、共感するところから『論語』の世界に入られます。

子供たちと一緒に『論語』を素読する中で、ふと「自分のやっていることは巧言令色だったな」ともらす方もいらっしゃいます。お父様方が活躍されるビジネスという舞台は、程度の差こそあれ巧言令色の世界だからです。『論語』の言葉は、私たち大人に、ふと立ち止まって自分の姿を振り返るきっかけを与えてくれる力があるのでは

『論語』の教えは、見方によっては〝当たり前〟のことばかりです。今回のお話で申し上げれば、口先だけの人間よりハートで行動できる人がいいに決まっています。しかし、それが普通にできてしまうようであれば、後世に孔子の教えを残す必要はなかったはずです。

孔子が生きた戦乱の世は、私利私欲に走った政治家たちの巧言令色ぶりが際立《きわだ》っていました。『論語』の教えが二千五百年もの間受け継がれてきたのは、人間の本質がその時と変わらないことを意味します。見方を変えれば、人間にとって大事なこともまた変わっていないのです。

その変わらない原理を知っておくことで、人生を軌道《きどう》修正することができますが、しかるべき軸がなかったら、その時の状況に振り回されたままです。『論語』を学ぶ意義はそこにもあるのではないでしょうか。

◉――失敗した時こそが肝心

過《あやま》ちて改《あらた》めざる、是《こ》れを過《あやま》ちと謂《い》う

――衛霊公《えいれいこう》篇

失敗を誤魔化せば苦しみは大きくなる

私は論語教室に通う子供たちに時々このような質問をします。「朝、家を出て学校に着いたら忘れ物をしたことに気づいてしまった。さぁ、どうしましょう」

ある小学校では「ママに届けてもらう」「同じ学校にいるお兄ちゃんから借りる」「友達から借りる」「忘れたことを正直に先生に伝える」など子供たちの答えも様々でした。一人の子は「きょうの授業では使わないだろうと自分に言い聞かせて、黙っています」と言って笑いを誘いましたが、そのどの答えも日常生活を通しての子供たちの率直な実感だと思います。

私たち人間は生きている限りいろいろな失敗をします。長い人類の歴史の中でなんの失敗もせずに人生を全うした人はおそらく皆無でしょう。そしてそれは孔子が生きた二千五百年前も同じでした。孔子の弟子たちは学習意欲が旺盛で、何事にも積極的に取り組む人ばかりでしたが、『論語』を読むと、そういう優秀な弟子ですら「しまった」と思うことがたびたびあったことが分かります。

失敗は生きている証拠、ということもできますが、大切なのは失敗したと思った時、他人や自分自身をいつまでも責めるのではなく、どのようにしたら早く解決できるか、最善の方法を考えて、具体的に動き出すことです。

反対に繕《つくろ》ったり誤魔化《ごまか》したりしてしまってはなんの解決にもならないばかりか、かえって苦しみや自己嫌悪を招く原因になってしまいます。この章句はそのことを私たちに教えてくれているのです。

似たような意味の章句は他にもあります。

「過《あやま》ちては則《すなわ》ち改《あらた》むるに憚《はばか》ること勿《な》かれ」(学而篇)

という有名な章句もその一つです。失敗に気づいてそれを改めることは誰にも遠慮はいらない。孔子はそう言っています。失敗してすぐに改めるか、改めないか。これは孔子が人物を量《はか》る場合のバロメーターだったのかもしれません。

自分にも他人にも正直に生きる

忘れ物をしたと気づいた時、どうするか。多くの答えが出た中から、ではどれがベストの方法なのかを次に考えてもらいます。すると、どの教室も決まって「素直にごめんなさい。忘れてしまいました、と謝るのが一番いい」という回答が返ってきます。

なかなかそれができないのは「先生に怒られる」「友達の前で恥《はじ》をかきたくない」

という思いが先に立つからです。しかし、その感情をグッと抑えて正直に失敗を認める時、不思議と心が軽くなり、失敗は意外と後を引くことがありません。このことは誰もが経験していると思います。

逆に失敗をそのままにしておくと、どうでしょう。「先生に黙っています」と答えた小学生は「授業中ドキドキして心が落ち着かなかった。本当に嫌な思いをしたので、このようなことはしないようにします」と正直に話してくれました。

失敗を繕ったり、誤魔化したりしていると、嫌な思いを長い時間引きずることになります。これは子供も大人も一緒です。貴重な体験をしたんだな、と感じた私は「そのドキドキした気持ちがとても大事ですね」とその子を褒《ほ》めてあげました。

失敗を素直に認めることは勇気のいることですが、他人だけでなく自分自身にも嘘をつかないことはそのまま、孔子の説く仁《じん》の教えに繋《つな》がるのです。

自分なりのルールを持つ

私は最近気になることがあります。失敗しても「しまった」と受け止められない人が増えつつあるという現実です。若い人たちを中心に間違ったり約束を守らなかったりしても平気という感性の人が目立ち始めたことはとても残念なことです。

いままで常識と思われていたことさえもなかなか通じない風潮《ふうちょう》だからこそ、私たちは生き方の原点、原理原則にもう一度、立ち戻らなくてはいけません。『論語』はその道筋を示してくれる大切なテキストです。

『論語』の章句の多くはとてもシンプルでリズム感があり、小さな子供たちは喜んでそれを吸収してくれます。幼少期に音で慣れ親しんでいるだけでも、大人になって失敗をした時、ふとその章句が甦《よみがえ》ってそこから立ち直って新しい出発ができることもあるでしょう。子供の時に『論語』を素読する意味はそこにあると思うのです。

私は子供たちに次のように話すことがあります。

「これから大人になると、やるべきか、やめるべきか、右に行くか、左に行くか、といったように判断に迷うことがたくさん出てきます。相談する人がいても、最後には自分で決めて、決めたことに責任を持たないといけません。そういう時のために自分なりのルールを一つ決めておくといいですね」

もし自分のルールを持たなかったら「皆が言っているから」「こちらのほうが得になりそうだから」「楽だから」という理由だけで誤った判断をしかねません。しかし、周囲がなんと言おうとも「人として正しいことを選ぶ」と自分のルールを決めておけば、惑《まど》わされることはなくなるのです。

もちろん何が正しいかは人によって様々でしょうが、少なくとも物事を損得で判断するようなことはなくなると思います。

「過《あやま》ちて改《あらた》めざる、是《こ》れを過《あやま》ちと謂《い》う」の章句から「間違えたら、すぐに改める」というルールを考え実践するのもいいでしょう。それを貫《つらぬ》いていくだけでも、人生の軌《き》道《どう》から外れる危険性はグンと低くなると思います。

こういう説明をすると、子供たちの間から時々「そんなの当たり前のことだよね」という声が聞かれることがあります。考えてみれば、『論語』が説いているのは当たり前のことばかりです。しかし、私たちはその当たり前のことが実践できないために、孔子の教えを二千五百年経ったいまも人生の指針としているのです。

子供たちは何が正しいかを無意識のうちに知っています。先ほど述べたように、「忘れ物をしたら、素直に謝らなくてはならない」と皆が一様に答えるのは、等しく仁の心を持っている何よりの証拠です。そのことを自覚させた上で、本来持っている仁をさらに高めるように後押ししてあげることが、私の役目だと思っています。

第三章

経験から生まれた言葉を残した哲学者としての孔子

孔子は深く、そして広く学び、
心を磨き、高めていきました。
しかし時代は戦乱の世、
不正や裏切りに心を乱したこともあったでしょう。
それでも人としての生き方を貫こうとした孔子。
その苦悩のなかから生まれた言葉だからこそ、
いまなお私たちの心を捉えて離さないのです。

●——君子に近づく道

子《し》、四《し》を以《も》って教《おし》う。文《ぶん》、行《こう》、忠《ちゅう》、信《しん》

——述而《じゅつじ》篇

忠、信を自分の中に据える

先生（孔子）は常に四つの教育目標を立てて弟子たちを育てられた。文《ぶん》、行《こう》、忠《ちゅう》、信《しん》がそれである――。今回紹介するのはとても簡潔《かんけつ》な言葉ですが、孔子の教えがここに凝縮《ぎょうしゅく》されているといってよいくらい、奥の深い章句です。

文はその言葉のように学ぶこと（学問）、行は行い、実践です。では忠、信とはどういう意味なのでしょうか。

忠、信という言葉が出てくる章句を『論語』に求めると、学而篇《がくじ》の次の言葉が思い浮かびます。

「忠信《ちゅうしん》を主《しゅ》とし、己《おのれ》に如《し》かざる者《もの》を友《とも》とすること無《な》かれ」（真心と信頼を第一とし、安易に自分より知徳《ちとく》の劣った者と交わっていい気になってはいけない）

同じ学而篇には、孔子の晩年の弟子である曾子《そうし》による、

「吾《われ》日《ひ》に吾《わ》が身《み》を三省《さんせい》す。人《ひと》の為《ため》に謀《はか》りて忠《ちゅう》ならざるか。朋友《ほうゆう》と交《まじ》わりて信《しん》ならざるか。習《なら》わざるを伝《つた》えしか」（私は毎日、自分をたびたび省《かえり》みている。人のためを思って真心からやったかどうか、友達と交わって嘘《うそ》、偽《いつわ》りはなかったか。また習得《しゅうとく》しないことを人に教えるようなことはなかったか）

という章句があります。

このように忠《ちゅう》とは真心や己を尽くすこと、信《しん》とは偽《いつわ》らない心を言います。「忠信を主とし」とは忠、信を自分の中心にしっかりと据えて拠り所にしなさい、という意味ですから、孔子がこの二文字をとても大切にしてきたことが分かります。誰よりも孔子を尊敬し、孔子から大きな期待を寄せられた曾子がその忠、信の大切さについて強調して述べていることも興味深いでしょう。

もう一つ、注目したいのは「子、四《し》を以《も》って教《おし》う……」の章句が孔子自らの言葉ではないことです。孔子の教えや生き方をよく学んでいた門人が「先生はいつも文、行、忠、信について教えられていた」と発言しているのは、孔子がこの四つを平素《へいそ》からいかに大切にしていたのか、という証《あかし》でもあるのです。

誰が発した言葉だったのかは記されていませんが、孔子の教えのポイントをギュッと掴《つか》むことのできた、とても聡明《そうめい》な門弟だったことは間違いありません。

学んで行動に移すだけではいけない

私たちが生きていく上では、学んだこと（文）を知識に終わらせずに行動に移す

（行）のはとても重要です。『論語』は実践哲学ですから、そのことが繰り返し説かれています。ただ、それだけでは十分とは言えません。それと同じくらい大切なのが真心（忠）であり誠実さ（信）なのです。私は教室でそのことを繰り返し伝えています。

とはいっても、幼いお子さんは理解できませんから、まずは何度も素読してリズムとして体で覚えてもらいます。「ぶん・こう・ちゅう・しん、ぶん・こう・ちゅう・しん……」とまるで呪文のように唱えているうちに、この句が大好きになってくるお子さんも多くいます。

少し上のクラスになると章句の意味が掴めるようになるのですが、そのままでは難しいので、文は「学ぶこと」、行は「行い」、忠と信は「仁（思いやり）のような心、優しい気持ち」と置き換えます。その上で、この四つをパズルに例えながら「四つのうち、どれが欠けても君子とは言えませんよ」と話します。

学校でも勉強やスポーツができて行動力のある子は、確かに仲間や先生たちの注目を集めるものです。しかし、その子が皆の見ていないところで嘘を言ったり先生や仲間の悪口を言っていたりしたらどうでしょう。誰も友達になりたいとは思わなくなるに違いありません。

「嘘を言われたらどんな気持ちになりますか。きっとお友達のことが信じられなくなるし、悲しい気持ちになるでしょう。勉強もスポーツも大切だけれども、いつも相手を思いやる気持ちがなくてはいけませんね」

そのように説明することで、お子さんたちも難しい『論語』の意味をスッと理解してくれます。

「文、行」が外側から見える世界だとしたら、「忠、信」は見えない心の世界です。行動が立派なのはいいことですが、そこに私心はないか、私利私欲は混じっていないか、いつも自分の心を見つめていく必要があるのです。

内側と外側のバランスの取れた人に

文、行、忠、信についていえば、孔子はその四つのバランスをとても重視していました。四つのうちどれか一つが突出《とっしゅつ》していて、その他はできていない、というのでは決して君子《くんし》（立派な人）とは言えないというのです。

人間の目に見えない内側と、形に表れる外側の両方のバランスが大切であることを教える章句は他にもあります。

雍也《ようや》篇には、

「子曰《しのたま》わく、質《しつ》、文《ぶん》に勝《か》てば則《すなわ》ち野《や》なり。文《ぶん》、質《しつ》に勝《か》てば則《すなわ》ち史《し》なり。文質彬彬《ぶんしつひんぴん》として、然《しか》る後《のち》に君子《くんし》なり」（生まれつきの資質《ししつ》が、学習や文化的修養よりも勝《まさ》っていると、それは粗野《そや》になる。逆に学習や文化的修養で身につけた外見ばかりが立派で、その人の資質や実質よりも勝っていると、物知りだが誠実さの欠けた者になる。文〈外見〉と質〈実質〉の両方が揃《そろ》ってこその君子なのだ）

という章句があります。

内面を充実させていったら、それがいつしか外に表れてくるもので、それはいつの世も変わらない真理であると思います。日本人の中には、内面を充実させながらそれを包んでしまうことを美徳と考える人もいますが、孔子は内面が充実していて外に表れないのはもったいないと考えました。

だからといって、たいした中身もないのに、外見だけをよく見せようというのはバランスの取れた君子とは言えません。内面を磨いて、そこから滲《にじ》み出る心の輝きをそのまま日常の所作《しょさ》の中で素直に表現していくことが大事だと孔子は言うのです。

文、行、忠、信はとても短い言葉ですが、日々の生活の中でこの四つを常に意識して自分自身のバランスを図《はか》っていくことで、理想的な君子に近づいていけるのではないかと思います。

◉――学問と一体になった境地

之《これ》を知《し》る者《もの》は、之《これ》を好《この》む者《もの》に如《し》かず。
之《これ》を好《この》む者《もの》は、之《これ》を楽《たの》しむ者《もの》に如《し》かず

――雍也《ようや》篇

何事も知・好・楽の三段階

こども論語塾に通う小さなお子さんが『論語』の書き下し文を見た時、まず興味を持つのはその字面《じづら》です。ことにこの章句は「之《これ》」という文字が四つ並んでいて、「なぜこの字がいっぱい出ているの?」と率直な質問を投げかける子も少なくありません。「あること(之)を知っているだけの人よりは、それ(之)を好きになった人のほうがすぐれている。それ(之)を好きになった人よりは、そのこと(之)を楽しんでいる人のほうがもっとすぐれている」

このように章句の意味はとても明快です。孔子に言わせれば「之」はイコール学問ということになるでしょうが、お子さんは「之」の部分に大好きな野球やサッカー、ピアノという言葉を入れることで、その大意を掴《つか》んでくれます。分かりやすいだけでなく、リズムがいいこともあって、人気の章句の一つとなっています。

野球にしろピアノにしろ、どのような習い事も最初は皆がゼロからのスタートです。そこでいろいろなものに触れ、知識・技能を身につけることによってそれまで分からなかったことが分かるようになり、次のステップへと進んでいく。充実感や仲間との一体感を得ているとしたら、この時すでに「好む」という段階に入ったとみることができるかもしれません。そして最後にやってくるのが「楽しむ」という最高の境地です。

この章句を分かりやすく伝えるために、私は子供たちに「知る・好きになる・楽しむの三段跳《と》びができたら素晴らしいですね」と話しますが、この三つの時間的な間隔《かんかく》は三等分できるような単純なものではありません。「知る」が物事の入り口とすれば、人によってはすぐに「好む」という段階に入る方もいらっしゃるでしょう。

しかし、最後の「楽しむ」段階はすぐに訪れるとは限りません。あるいは一生をかけてようやくこの段階に至る人もいれば、一生かかっても「楽しむ」境地を実感できない人もいるかもしれません。そこがこの言葉の面白いところでもあります。

「好む」と「楽しむ」はどこが違うのか

では「好む」と「楽しむ」の違いはどこにあるのでしょうか。

勉強やスポーツに励んでいると、いろいろな楽しみが得られます。強豪《きょうごう》チームに勝つ楽しみだったり、コンサートに出場する楽しみだったり。私も論語塾がスタートした十年前から今日まで「まず自分が楽しいという気持ちで授業に臨《のぞ》もう」と言い聞かせてきました。

しかし、長年、何かに打ち込んで物事の本質や魅力を掴んでいった人たちの楽しみは、それとはまた別のものです。同じ「楽しみ」という言葉でも、始めた頃に得られた時のそれとは比較にならないほど高いレベルに達しているのです。

そのように考えると「好む」から「楽しむ」に至る道のりは決して平坦ではないことが分かります。ある先生が「学びとは本来苦しいことです。それを忘れて学生たちは楽に答えが出せないかとそればかり考えている」と話されたのが心に残っていますが、ただ好んで学んでいけばそのうちに楽しみの境地に至る、という単純なものではありません。時に呻吟《しんぎん》するほどの苦しみを経ながら長年一つのことに集中してこそ、本当の学問の楽しみは得られるのではないでしょうか。

それは学問の難しさを十分理解した上で、それでも体丸《まる》ごとそれを楽しんでいる境地、いわば学問と一つになった境地です。

いつかは楽しむ境地を味わってみたい

「先生は之（という言葉）に何を当てはめるの？」

感性と想像力豊かな子供たちは私の話を聞いて、すぐにそのように切り返してきます。なんと返答すべきか一瞬戸惑いましたが、現在の私にとっての答えはやはり『論語』以外にないと思いました。

私は子供たちに自分の体験を交えてお話しします。

「中学で最初に『論語』に触れた時は、楽しくなかったし、国語の先生の話を聞いても表面的なことしか分からなかったのよ」

すると「えっ、先生でもそうだったの？」と驚いた表情をします。

私が古典を好きになったのは高校の教科書で漢詩の世界に魅せられてからです。大学で中国文学を学ぶようになった時が『論語』学習の本格的なスタート。あれから三十年が経過しましたが、遙《はる》か先人の世界に思いを馳《は》せ古人との繋《つな》がりを強く意識できたかと思えば、字句の解釈に苦しんで『論語』の世界になかなか浸《ひた》れない時もある。いまでもそういう波を繰り返しながら、どのようにしたら子供たちにもっと『論語』に親しんでもらえるだろうかと試行錯誤《しこうさくご》する毎日です。

「先生もいつかは楽しむという境地を味わってみたいな」。そうお子さんに語りかけながら、きょうも全国各地で『論語』を皆さんと読んでいます。

祖父・安岡正篤《まさひろ》はあまりに身近な存在で特別に意識はしなかったものの、いま思うと学問を通して「楽しむ」境地に至っていたようです。

私が生まれた時、祖父は六十代でしたが、戦前戦後の激動期を駆け抜けた頃の激しさはすでになく、気負《きお》いのない円熟《えんじゅく》の境地に至っていました。若い頃に身につけた古今東西の聖賢《せいけん》の教えを静かに読み返す中で思索を深め、人生の総仕上げに当たっていました。「やることがたくさんあるんだよ」と言いながら、まるでそれを楽しんでいるかのようにも見えました。

『論語』の為政篇《いせいへん》に「七十《しちじゅう》にして心《こころ》の欲《ほっ》する所《ところ》に従《したが》えども、矩《のり》を踰《こ》えず」とあります。孔子は七十歳を過ぎた頃から自分の思いのままに行動しても決して道理を踏み外すことがなかったと言っているのです。この章句は学問に対する姿勢を述べたものではありませんが、「楽しむ」という境地もあるいはこれと似たものなのかもしれません。

人生の晩年に至って、自分がどのくらい人生を楽しんでいるか。私も先人の生き方を一つの手本に歩んでいきたいと思っています。

◉――三つのバランスが大事

詩《し》に興《おこ》り、礼《れい》に立《た》ち、楽《がく》に成《な》る

――泰伯篇

「詩・礼・楽」のバランスが大事

これまで取り上げてきた章句はどちらかというと「学ぶ」「考える」といった学問的なことについて述べているものが多かったのですが、この「詩に興《おこ》り、礼《れい》に立《た》ち、楽《がく》に成《な》る」は、それとは対照的で、情緒《じょうちょ》面での人間形成の段階について触れている章句です。

孔子は、人間はよき資質《ししつ》をたくさん持って生まれてくると考えていました。ですから、この章句は「本来人間は豊かな感性を持っている」という前提のもとに成り立っていると考えられます。

「詩に興り」とは、その豊かな感性を詩によって奮い立たせるという意味です。『詩経《しきょう》』という中国最古の詩集の編纂《へんさん》に携わっていたといわれている孔子は、学問一辺倒ではなく、詩を読まなければいけないと弟子たちに言い続けています。これは「バランスのとれた人になりなさい」という教えにも通じるもので、「人間は知識だけ持っていても駄目で、そこに美しい情緒がなければならない。バランスのよい人間になるためには、詩を読むことで感性を磨き、豊かにすることが大切である」ということを伝えたかったのだと思います。

しかし、いくら詩を読んで感性豊かな人になったとしても、人と上手く付き合っていけなければ意味がありません。それゆえ、「礼に立ち」が次にくるわけです。「礼に立ち」とは、人が守るべき社会規範によって行動するということです。先述のとおり、孔子はバランスを大事にしていますから、感性が豊かであって、その上、社会人としてのルールを守り、きちんと世の中でやっていけることがとても大切な要素なのです。

ただ単に感性を磨きなさいと言うのではなく、ここに「礼に立ち」を持ってきているところに、孔子の見識の高さが窺《うかが》えます。

そして、最後の「楽に成る」。ここでいう楽とは音楽を指します。「礼楽《れいがく》」という言葉があるように礼節《れいせつ》と音楽はとても密接な関係にあり、この時代における音楽の位置づけはいまとはずいぶん異なっていたと考えられます。

君子たる者の基本教養とされていた「六芸《りくげい》」の中に、礼も楽も含まれていることからすると、心を豊かにしたり、感性を磨いていくことに加えて、音楽が分かる、音楽を奏《かな》でられることは、君子を目指す人にとって一つの必須アイテムだったことが分かります。

また、当時は天子《てんし》・諸侯《しょこう》・大夫《たいふ》といった身分によって奏でられる音楽が決められていました。ところが、公《おおやけ》の場で、身分不相応《ふそうおう》なことを平気でやってしまう大夫がいたのです。そのように礼節を蔑《ないがし》ろにしている風潮《ふうちょう》が許せない、戒めたいという気持ちが孔子にはあったのだと思います。

詩を学ぶことが入り口で、ルールを守り、人と上手く付き合えることが次にあって、最後の仕上げとして、音楽があります。このような順序で、よき人格形成がされるということになります。

お子さんは自分に当てはまるものから考える

大人の方にはいまのような説明でご理解いただけますが、幼稚園や小学校低学年くらいのお子さんには、当時といまの音楽の役割の違いなどはとても難しくてお話しできません。「詩」という言葉自体、なかなか理解できないお子さんも多いので、

「楽しい絵本や美しい言葉をいっぱい読んだり、お話を聴いたりしましょうね」

「でも、楽しい絵本を読んで、とても嬉しい気持ちになったとしても、お友達と仲良くできなかったらつまらないでしょ。お友達と楽しくお話ししたり、遊んだり、お約

束を守ることも大切ですね」

と説明をします。最後に付け加えて、

「音楽も楽しめるようになれたらいいですね」

とお話しするようにしています。

子供というのは本当に不思議なもので、「自分だったらどれができるか」というところに着目するようです。例えば、夜寝る前に絵本を読んでもらっている子であれば「詩に興り」にすぐ反応しますし、ピアノのお稽古《けいこ》をしている子であれば「楽に成る」を自分に結びつけて考えることが多いのです。そして、どんなお子さんでも身近に感じられて、理解しやすいのは、二番目の「礼に立ち」です。

お子さんの社会の中にも、「約束は守る」「お友達とは仲良くする」など、様々なルールがあります。特に保育園に通うお子さんは、園児の年齢の幅も広く、一緒に過ごす時間も比較的長いため、子供たちなりの社会経験が積まれていくのでしょう。だからこそ、この「礼に立ち」が子供たちには一番ピンとくるのだと思います。

声に出して楽しむと自然と意味が分かってくる

何度かご紹介してきましたが、小さいお子さんほど音を楽しむ傾向にあります。第四章（P176）で紹介している「知者《ちしゃ》は惑《まど》わず、仁者《じんしゃ》は憂《うれ》えず、勇者《ゆうしゃ》は懼《おそ》れず」もそうですし、三つ並んでいるものはリズムがとてもいいので、お子さんと一緒に読んでいてもよく声が出るところです。

音で楽しむ頻度《ひんど》が高くなると、特にお子さんはすぐに覚えてしまいます。そうやって繰り返し声に出すことで体に沁《し》み込んでいったものは、不思議なことに何年か経つと、その言葉の意味が自然と分かるようになるのです。お子さんたちを見ていると、声に出して楽しんでいる章句のほうが、意味を理解するのが早いと感じます。

お子さんの中には、幼稚園に行く前に『論語』の章句を必ず一つ唱和してから出かけるという子もいます。優れた言葉に触れる習慣を持てたらいいですね。情緒豊かな人格形成は、美しい言葉や正しい言葉に触れることから始まるのでしょう。

◉――自分の言動は自分で責任を取る

君子《くんし》は諸《これ》を己《おのれ》に求《もと》む。小人《しょうじん》は諸《これ》を人《ひと》に求《もと》む

――衛霊公《えいれいこう》篇

きちんと謝るか誰かのせいにしてしまうか

君子は、何事も自分の責任であると考える。これに対して小人は責任を人に押しつけてしまう。

冒頭の章句を簡潔に訳すと、以上のように言えると思います。「諸《これ》を己《おのれ》に求《もと》む」とは何事も自分の責任で行動したり発言したりすること、「諸《これ》を人《ひと》に求《もと》む」とは何か失敗した時に言い訳をしたり人に責任を押しつけたりすることです。自分がやったことに対して最後に自分で責任が取れるかどうか。これが君子と小人を分ける大きなポイントであると孔子は言うのです。

文章そのものは短く、小さいお子さんでも素読《そどく》を通して音として楽しめますが、好きな章句としてこれを挙げる子はあまりいません。子供ながらになんとなく難しいと感じてしまうのでしょうか。

ですから私は小さなお子さんたちに章句の意味を直接教えるのではなく、まずは「失敗したり、お友達との約束が守れなかったりした時に、どういう気持ちになりますか」と質問します。すると「まずい」「嫌な気持ちになる」といった答えが返ってきます。

ここで「まずい」と思えるのは、とても重要です。「これではいけない」「あんなこと、言わなきゃよかった」と自分を省《かえり》みることができるからです。問題なのは、このような人間として当然の感情が湧《わ》き上がった後、どうするかです。間違いを反省してきちんとお友達に謝ることができるのか、それとも誰かのせいにして誤魔化《ごまか》してしまうのか。すぐに謝れば、その時は辛くても心はスッと軽くなるでしょう。もし、誰かのせいにしてしまえば、いつまでも後ろめたい気持ちを引きずって生活しなくてはいけません。自分のしたことは自分が一番よく知っています。

「この章句はそのことを言っているんですよ」と言うと、お子さんはよく理解してくれます。

似た章句は他にもあります。

「過《あやま》ちて改《あらた》めざる、是《こ》れを過《あやま》ちと謂《い》う（第二章 P91）」

「過《あやま》てば則《すなわ》ち改《あらた》むるに憚《はばか》ること勿《な》かれ」

もその一つです。このように孔子の言葉は場面によって言い回しこそ違うものの、底辺となる考え方は同じで、自分の言動は自分で責任をとらなくてはならないことを一貫《いっかん》して説いています。そこにぶれることのない孔子の哲学を見ることができるのです。

あるべき姿を自分で考え、行動する

私は定例のこども論語塾の他に、学校の講師として『論語』の授業をさせていただいていますが、特に中高生のクラスで年間を通して行う場合、最初の時間にこのようなお話をします。

「私は本当に目に余る行為でない限り注意はしません。隣の子とお喋《しゃべ》りをすることがどれだけ周囲に迷惑になるかは自分で分からなくてはいけないし、そもそもいま何をすべき時間なのかを自分で考えられなくてはいけません。考えられる人になってください」

私の話の意味がすぐに理解できる子もいますが、なかなか態度に結びつかない子、全くお構いなしの子もいます。私は子供たちが気づいてくれることを願いながら一年間授業を続けます。そして最後の授業で感想をお話しします。

「私は皆さんが『論語』の教えを自分で感じ取って、どのように変わってくれるかを一年間ずっと見てきました。でも残念ながらこのクラスには授業態度の変わらなかった人がいました」と。こんなクラスもまれにあります。

私の言葉を聞いて初めてハッとする子もいますが、多少タイミングは遅くても「自分の行動を改めるのは自分以外にいない」ということに本当に気づいてくれるとしたら、それだけでも教室の意味はあると思っています。

学校教育では現在、「これをしてはいけない」「これをしなさい」といった形の指導は行われても、様々な場面で人としてどうあるべきかを自分で考えて行動する余裕はあまりないように感じます。『論語』の授業がその一つのきっかけになれば、嬉しいです。

順境の時こそ自らを省みる

小さなお子さんでも本能的に善悪を判断できるのは、人間は生まれつき正しい心、清《きよ》い心を持っているからです。孔子は様々な人生経験や先人の教え、過去に生きた君子の振る舞いに学び心をさらに磨き高めていった人物でした。

孔子が生きた時代は、戦乱の世でした。人として本来歩むべき原理原則があるにもかかわらず、多くの人はその道を踏み外し、世の中には不正や偽《いつわ》り、裏切りがはびこっていました。間違っていると知りつつも悪に染《そ》まっていってしまう人間の心の弱さを、孔子は複雑な気持ちで見つめていたに違いありません。

そういう正義が通じない中にあって、とことん人としての生き方を貫いたからこそ孔子は自分の思想に確信を持つようになったのでしょう。厳しい環境の中で、信念を持って語られた言葉は弟子たちの心に深く刻まれ、燦然《さんぜん》と輝くものになったのだと思います。もしこれが平穏《へいおん》な時代であれば、『論語』の数々の片言隻語《へんげんせきご》は残っていなかったかもしれません。

孔子に「仁《じん》」という教えがあります。これが百五十年ほど後の孟子《もうし》の時代になると「惻隠《そくいん》の情《じょう》」や「羞悪《しゅうお》の情」などと、より洗練された言葉になります。このように孔子の教えは時代に合った形で変化し東洋思想の根幹をなしていくわけですが、それを思うと、孔子の存在は途轍《とてつ》もなく大きなものだったことが分かります。

孔子の語った言葉は聞けば納得といったものばかりですが、ここまで簡潔な表現で人としての生き方を説いた人はそれまでいませんでした。その言葉を孔子本人ではなく、孔子を慕《した》う弟子たちが書き留めて編纂《へんさん》したというところも『論語』の持つ価値であり、大きな魅力ではないでしょうか。

私たちは苦しく厳しい状態になって漸《ようや》くそれまでの生き方を省《かえり》みますが、順境の時はなかなかそうはいきません。時に有頂天《うちょうてん》になり、それがもとで大きな失敗をしてしまうこともあります。その点、孔子は順境に身を置いている時こそ「これでいいのだろうか」と自らを省みることのできる達人でした。

周囲から評価を得たり、高い位を得たような時、その力を人のために、社会のために発揮できるかどうかは、その人がどのような哲学を持っているかによって大きく左右されます。物事がうまく運んでいる時こそ、孔子に学んで自分を静かに省みることはとても大事だと思います。

●――共に学び、共に君子を目指す

君子《くんし》は文《ぶん》を以《も》って友《とも》を会《かい》し、
友《とも》を以《も》って仁《じん》を輔《たす》く

――顔淵《がんえん》篇

師の言葉に忠実だった曾子

この章句は孔子の弟子曾子《そうし》の言葉です。君子は学問（詩書礼楽《ししょれいがく》などの古典の学習）をするために友を集め、その友のおかげで仁を磨くことができる、という意味になります。

曾子は孔子よりも四十六歳年下ですが、孔子の後継者と言われるほどに孔子の考えを受け継いだ人物でした。その人柄は真面目、誠実で、この章句からもそういう曾子の人柄が伝わってきます。

『論語』にある有名な曾子の言葉をいくつか紹介しますと、

「吾日《われひ》に吾《わ》が身《み》を三省《さんせい》す。人《ひと》の為《ため》に謀《はか》りて忠《ちゅう》ならざるか、朋友《ほうゆう》と交《まじ》わりて信《しん》ならざるか、習《なら》わざるを伝《つた》えしか」（私は毎日何回も自分の行いを反省している。人のためを思って真心から行動したか、友達と交わって嘘偽《うそいつわ》りはなかったか。まだ習得しないことを人に教えるようなことはなかったか）

「士《し》は以《もっ》て弘毅《こうき》ならざるべからず。任重《にんおも》くして道遠《みちとお》し。仁以《じんも》って己《おのれ》が任《にん》と為《な》す、亦《また》重《おも》からずや。死《し》して後已《のちや》む、亦遠《またとお》からずや」（士は度量が広く意志が強固でなければならない。任務が重く道は遠いからである。仁を実践していくのを自分の任務とする。なん

と重いではないか。全力を尽くし死ぬまで事に当たる。なんと遠いではないか）

などが挙げられます。ここにも誠実な人柄が表れています。

その曾子は亡くなる前、弟子たちを集めて次のように言いました。「私の手や足を出してしっかり見なさい。『詩経《しきょう》』に『恐れおののいて深い淵《ふち》に臨むように、また薄い氷を踏むように』とあるが、私は親からいただいた体をそれほどの思いで傷つけないようにしてきた。これからはそんなに気を使う必要がなくなるだろう。ありがたいことだ」

曾子の親孝行の精神はどこからきたのでしょうか。曾子の編とされる『孝経《こうきょう》』の冒頭には、孔子が曾子に人間にとって一番大切なものは何かを説いて聞かせる件《くだり》があります。孔子は曾子に孝行の大切さを語り「親からいただいた体を大事にできてはじめて、学問が身につき名を後世に残し、親の名を高めることができる」と説きます。

曾子は孔子のこの言葉を素直に受け止め、亡くなるまで実践、臨終の場でさえそれを弟子たちに伝えようとしたのです。曾子はどこまでも師に忠実な人でした。

『論語』の興味深いところは、孔子の弟子たちの個性が実に様々だということです。曾子のように堅物《かたぶつ》なくらい真面目な弟子がいるかと思えば、子路のように任侠道《にんきょうどう》を歩んだやんちゃな弟子もいます。頭脳明晰《ずのうめいせき》で雄弁《ゆうべん》な子貢《しこう》もいます。また寡黙《かもく》で貧しい中にあっても、学問を究《きわ》め、道を楽しんでさえいる顔回《がんかい》という弟子もいます。孔子はそういう弟子たち一人ひとりの長所が輝くように導いていています。そういう視点で『論語』を読むのもまた面白いかと思います。

一人の懸命さが全体の質を高める

さて、冒頭の章句です。

勉強でも、スポーツでも、私たちは目標に向かって夢中になっている時、パワーが漲《みなぎ》るのを感じます。上達したことを感じ取れれば嬉しいし、さらなる向上心が湧いてきます。その時、同じ目標に向かってともに頑張る集団の中に自分がいれば、いつの間にか自分だけでなく集団の質まで高まっていく。この章句は私たちにそのことを教えてくれています。

章句の意味を幼い子供たちに伝える時には、次のような質問を投げかけます。

「この教室にはお友達がいっぱい集まっていますね。これから教室内で好きなことをなんでもやっていいですよと私が言ったら、皆さんは何をやりますか」

子供たちからは即座に元気な答えが返ってきます。

「お友達とゲームをして遊びます」「お喋《しゃべ》りします」「宿題をします」「やっぱり『論語』を勉強しなきゃいけないかな」……

そこで私は同じ仲間と同じ空間で同じ一時間を過ごすのでも、一人ひとりが好きなことを自由にするのと、皆が『論語』を読むという目標のために過ごすのとでは、まるっきり違うことをお話しします。

「一人ひとりが一所懸命学びたいという気持ちでいると、自分ではただ勉強をやっているつもりでも、いつの間にか教室全体に仁《じん》の心が育ってきます。でも、皆が自分勝手なことばかり考えていたら、そうはなりませんね」

それは大人の世界も一緒です。同じ目標を持ってともに学んでいれば、いつしかそこには同志という意識や、仲間を大切にする気持ちが芽生えます。まとまりのあるグループや組織では、誰もがその感覚を抱くのではないでしょうか。

ところが、私たちは時として物事に夢中になるあまり、独りよがりになって周囲が見えなくなることもあります。受験勉強などはそのいい例かもしれませんね。あるいは高い目標を目指すスポーツや芸術の世界にも当てはまるかもしれません。私は特に中高生のクラスでは、具体的に話します。

「私たちは社会人として生きていくためには必要な知識や技術を身につけなくてはいけません。専門職と呼ばれる仕事に就《つ》きたいと思ったら、なおさらです。それだけに習得できた時の喜びは大きいものがあるでしょう。しかし、いかに高度な知識、技術を身につけても、どのように活用するかは最後はその人にかかっていますよ」と。

このことは時代を超えて言える真理だと思います。何事もそこに関わる人がどのような人物なのかで、物事は百八十度変わってしまうのです。本当なら人々の幸福のために活用するはずの技術を、お金に目が眩《くら》んで他国に売ってしまった、などという話も聞きます。仕事がより高度になり、社会的価値が増すほど、必要なのはその人の仁の心です。どんなに優れた知識や技術も、それを使う人に哲学がなければだめなのです。

私は幼い子供たちに仁について話す時、「思いやり」という言葉に置き換えます。しかし、小学校高学年から中高生になると「考える力」と説明することが少なくありません。考える力とは、「いま自分がどうすべきか」「これを言ったら相手はどう感じるか」「友達が悲しい表情をしているけれども、何かあったのか」といったことに敏《びん》感《かん》に気づく力です。

祖父が書いた「会輔堂」という扁額《へんがく》があります。冒頭の章句から取った言葉ですが、どこかの学びの場に掲げるために祖父は書いたのでしょうか。私の論語塾もまた「友《とも》を以《も》って仁《じん》を輔《たす》く」の精神を大切にしたいと思っています。

◉——物言わぬ自然にも目を向ける

天《てん》何《なに》をか言《い》うや、四時《しじ》行《おこな》われ百物《ひゃくぶつ》生《しょう》ず

——陽貨《ようか》篇

言葉では語り尽くせないものがある

この章句は、私が大好きなものの一つです。

子曰《しのたま》わく、予《われ》言《い》うこと無《な》からんと欲《ほっ》す。子貢《しこう》曰《い》わく、子《し》如《も》し言《い》わずんば、則《すなわ》ち小子《しょうし》何《なに》をか述《の》べん。子曰《しのたま》わく、天何《てんなに》をか言《い》うや、四時《しじ》行《おこな》われ百物生《ひゃくぶつしょう》ず。天何《てんなに》をか言《い》うや。

孔子はある時、「私はもう何も語るまいと思う」とおっしゃいました。これに対して弟子の子貢《しこう》が「先生がもし何もおっしゃらなければ、私どもはどうして先生の教えを学び、伝えることができるでしょうか」と質問します。

すると孔子は「天は私たちに何を言っているか考えてみなさい。春夏秋冬の四季は巡っているし、万物《ばんぶつ》は自ら成長しているではないか。天は私たちに何かを言っているだろうか」と応じるのです。

小さいお子さんに話すのには少々難しい内容ですが、中学生などある程度の年齢になったお子さんのクラスでは、他の子貢とのやりとりと絡《から》めながら補足的にお話しすることも少なくありません。

『論語』は、「言ったことは必ずやりましょう」「約束を守れないことは恥《は》ずべきことです」というように、人間の言葉や行為のあり方が全体の大きなテーマとなっていま す。孔子も弟子たちに対して言葉で教えを述べ伝えていくわけですが、この章句は、この世界には言葉だけでは語り尽くせないものがたくさんあるということを教え諭《さと》す貴重な一文です。

私は長い間、この章句をあまり気に留《と》めることがありませんでした。しかし、五十歳を越えたくらいから、とても好きになりました。その理由の一つは祖父・安岡正篤《まさひろ》の姿と重なり合うことに気づいたからです。

祖父が他界して三十年が経過し、若かった私も様々な経験を積み重ねる中で「あの時、祖父はこんなことを考えていたのではないか」とあれこれ思いを巡らせるようになりました。もともと祖父は私たち家族の前で古典について論じたり説教めいた話をすることはありませんでした。とても寡黙《かもく》でしたが、圧倒的な存在感がありました。祖父がそこにいるだけで空気が変わるのです。私も幼心《おさなごころ》に「おじいちゃまはとても頼もしい人なんだ」などと思ったものです。

いまも時折《ときおり》、祖父の醸《かも》し出す雰囲気、何げない日常の言動を思い出しながら、この章句を思い起こし、凛とした気持ちになります。

子貢に対する孔子の思い

頭脳明晰《ずのうめいせき》で雄弁家《ゆうべんか》の子貢は孔子を唯一の師と仰ぎ、教えを聴き、それを分かりやすく噛《か》み砕きながら若い弟子たちに伝えていたことでしょう。それだけに「私はもう何も語るまいと思う」という一言には大いに驚き、困惑したに違いありません。

そういう子貢の心を既にお見通しだった孔子は「自分が何かを語らなくても、自然は変わることなく四季は巡ってくる。天は何を言おうとしているのか考えてみなさい」と投げ掛けたのだと思います。

二宮尊徳翁《そんとくおう》の道歌《どうか》に「音《おと》もなく香《か》もなく常《つね》に天地《あめつち》は　かかざる経《きょう》をくりかへしつつ」とあるように、大自然は無言のまま私たちに多くの教えを授《さず》けてくれています。孔子もまた、優秀で頭でっかちな子貢に、たとえ言葉はなくても見る目さえあれば真理はいくらでも発見、吸収できることを伝えようとされたのです。

もう一つ、別の観点から捉えれば「私をもっとよく観察してごらん」という孔子のメッセージと受け取ることができます。自分がどういう思いでこの言葉を発しているか、こういう行動をとったのか、優秀な子貢なら察することができるはずだよ、という弟子の成長を願う孔子ならではの深い思いやりだったのかもしれません。

自分の考えを熱く語る一方で、弟子との間でこのような情緒的なやりとりをさりげなく行っているところ。これもまた孔子の魅力の一つです。

思いは言葉を発せずとも伝わる

私がこの章句を取り上げるのは主に小学校高学年以上のクラスです。そこでは章句の解説を交えながら言葉が決してすべてではないということを伝えます。第四章で紹介している「辞《じ》は達《たつ》するのみ」（言葉は相手に意味をしっかり伝えることが大切）という章句のように、優れた言葉を使うことはもちろん大切だとしても、人間の思いは言葉を発しなくても行動や立ち居振る舞いとして出てくるものだからです。

例えば、積極的に自分から話をしようとしない友達がいるとします。しかし、その人が何も考えていないわけではありません。こちらが友達に思いを致し、心を開いていくことで、相手のいろいろな世界が見えてきて、言葉は交わさずに友達の思いを受け止めることもできるのです。

願わくば論語塾に通う子供たち一人ひとりがそのような仁の心を身につけてくれたら、という思いを込めながら私はこのお話をさせていただいています。

言葉に頼らずに相手の心を察する力が求められるのは、特に大人になって以降です。相手への慮《おもんぱか》りが幸せな人生を送る上でとても大切なのは申し上げるまでもありませんが、自分自身の心を見つめる上でも似たようなことが言えると思います。

私たちは人生の壁にぶつかった時、いろいろな人に助言を求めることもあるでしょう。そういう人が身近にいる人は幸せだと思います。しかし、どのような選択をするか、最終的な決定権を握るのはその人自身です。

私の経験を振り返っても、気持ちを落ち着けて自分自身の心と正直に向き合っている時、この章句がふと頭に浮かんできて解決のヒントが得られたことがあります。天地自然の声に耳を澄《す》ませてみることも時には大切なのかもしれません。

孔子は天というものを、とても身近に感じていた人でした。人間の日々の営みは大きな天の働きの一つにすぎないという視点で人生を捉え、教えを説き、その中に自らの天命を見出していったのだと思います。

第四章

人間・孔子
スーパーマンだったわけではない

どんなことも知っていて、
人間としても完璧に見える孔子ですが、
そこに至るまでには、
懸命に学び、身を修めようとした
生身の姿がありました。
孔子も私たちと変わらない人間だったんだ、
そう思うと孔子が一挙に、
身近な存在になっていくのではないでしょうか。

◉——いかにして君子となるのか

君子《くんし》は義《ぎ》に喩《さと》り、小人《しょうじん》は利《り》に喩《さと》る

——里仁篇《りじんへん》

自分の中でルールを持つ

私たちは日々生きていく中で、自ら決断を下さなければならない場面に出くわします。どうしたらいいのか、判断に迷うこともあるでしょう。その時に、自信を持って決断できる、揺るぎのない拠《よ》り所を持っておくことがとても大切です。今回ご紹介する章句はそのことを端的《たんてき》に言い表しているように思います。

小さいお子さんには「困った時のために自分なりのルールを決めましょう」と言ってもなかなか難しいため、「正しいか、正しくないかで決めましょう。損か得かで考えてはいけません」と、単純明快にお話しするようにしています。もう少し年齢が上がって、小学校高学年くらいになってくると、「判断」とか「基準」という言葉の意味を理解できるようになってきます。そのようなクラスでは次のように説明をします。

「君子《くんし》はそれが正しいか、正しくないかで物事を判断するけれど、小人《しょうじん》は利益があるか、ないかですべてのことを判断する」

でも孔子は、利益を追求することを決して否定しているわけではありません。本来、義（＝正しいこと）があってこその利（＝利益）であって、義のない利はどこかで必ず躓《つまず》いたり、行き詰まってしまうものです。だからこそ、人の道を外れてはいないか、自分さえ儲《もう》かればいいという考えはないかと、自問自答する必要があるでしょう。

例えば会社経営を考えた時、義ばかりを優先していて会社が成り立つかといえば、そんなことはありません。目の前にある大きな利益よりも義を優先して、その結果会社が傾くことになったら、本末転倒《ほんまつてんとう》になってしまいます。

この義と利のバランスをどう見極めるかが非常に難しいところだと思います。義を思う経営者は、義に適った利はどうあるべきかで悩みます。義を知らない経営者は、どうやったら利益を増やせるかだけに腐心《ふしん》します。明らかに悩みの質が違います。特に、立場が上になればなるほど、決断を迫られる場面は多くなりますし、孤独にもなるでしょう。

経営者だけではなく、私たち誰もが義と利で悩む場面はたくさんあります。心でこの章句を呟《つぶや》いてみれば、往《ゆ》く道が拓《ひら》けることもあるでしょう。

なぜ『論語』は二千五百年も語り継がれているのか

この章句は、韻《いん》を踏んでいるようなリズムのよさがあり、お子さんから高い人気を得ています。

私が講師を務めているこども論語塾には、親子でいらっしゃる方が多く、お子さんが無邪気《むじゃき》に音を楽しんでいる一方で、親御《おやご》さんが章句の意味にしみじみと思いを寄せている姿が非常に印象的です。

大人になればなるほど、『論語』の言葉が味わい深く感じられるのはなぜでしょうか。それは自分の置かれている状況と重ね合わせた時に、「そのとおりだな」と共鳴できる部分があるからだと思います。言い換えれば、頭では分かっているつもりでも実際にはできていないからこそ、その言葉を聞いた時に、思い直したり、奮い立ったりするのでしょう。

誰もが当たり前のようにできていたら、感銘を受けることはないでしょうし、おそらく二千五百年語り継がれることもなかったはずです。私はそこが『論語』の面白さの一つであると感じています。

では、ここで言う「君子」と「小人」とはいったいどのような人物を指しているのでしょうか。

私はお子さんに分かりやすく伝えるために「君子とは理想の人のことで、小人とはまだ理想には行き着いていない未熟な人、修業途中の人だよ」と言っています。

孔子が性善説《せいぜん》の立場に立つことを考えれば、人は皆、生まれながらにして仁の心を持っていることになります。ですから、もちろん思いやりとか優しさは君子の条件ではありますが、それを実践できることが大切です。そしてさらに求められるのが志です。「こうありたい」とか「これをしたい」という正しい志、理想を持っていて、それに向かって努力している人が真の意味での君子なのです。

ここで注目すべきは、『論語』では「君子」と「小人」がお互いに対句《ついく》になっていることでしょう。孔子は「こうあるべきです」と正しいことを言う一方で、実践となると難しくてなかなかできないことを分かっていました。だからこそ、「小人とはこんな人ですよ」と、あえて逆の視点で表現してお弟子さんを導いたのかもしれません。そうやって対比することによって、「自分はまだまだ小人だな」と反省することができます。孔子先生の教育者としての巧《たく》みさや愛情が感じられます。

孔子は決して「私は君子だ」などということは言いませんでした。孔子もまた、君子を目指して努力し続けた人物の一人だったのです。悩みや葛藤《かっとう》の多い生身《なまみ》の人間だったからこそ、実際に触れ合っていたお弟子さんはとても魅力的に感じたのではないかと思います。

誰しも君子になれる可能性を持っている

『論語』の中には、「君子《くんし》は義《ぎ》に喩《さと》り、小人《しょうじん》は利《り》に喩《さと》る」のように、「君子は」から始まる章句がいくつかあります。

ある講座でそれを五つくらいまとめて紹介したところ、子供たちに「結局、君子って何人いるの？」と聞かれました。可愛《かわい》らしい質問ですね。

私はその時に、「読んだ章句の数だけ君子がいるんじゃなくて、いろいろなタイプの君子がいるということなんですよ」と話し、そして、「この教室にいる人は、みんな同じじゃないでしょう？　一人ひとり性格も、育ってきた環境も違うよね。だから、それぞれのよいところを伸ばすことで、みんなが君子になれるんですよ」と言っています。

一定の環境に身を置かないと君子になれないとか、この方法でなければいけないということは決してありません。大切なのは自分の置かれた環境の中でよりよく生きていくことだと思います。

孔子は「いい政治とはどういうことですか」というお弟子さんの質問に「倦《う》むことなかれ」と言いました。つまり、継続することが大事だということです。これは人格形成も同じです。高い志を抱き、一つひとつ実践し続けていくことで、君子に近づいていけるのだと思います。

◉——一生のお守りとなる言葉

子貢《しこう》問《と》いて曰《い》わく、「一言《いちごん》にして以《も》って終身《しゅうしん》之《これ》を行《おこな》うべき者《もの》有《あ》りや」。子曰《しのたま》わく、「其《そ》れ恕《じょ》か。己《おのれ》の欲《ほっ》せざる所《ところ》、人《ひと》に施《ほどこ》すこと勿《な》かれ」

——衛霊公《えいれいこう》篇

孔子の根底をなす「恕」の教え

今回の章句の後半は有名ですが、その前半の部分を知ることで、これまでとは違った趣《おもむき》が感じられるのではないかと思います。それではまず、章句の中身についてみていきましょう。

「一言《いちごん》にして以《も》って之《これ》を行《おこな》うべき者有《ものあ》りや」（一言で生涯行う価値のある大切なことがありましょうか）と子貢《しこう》が尋《たず》ねたところ、孔子が「其《そ》れ恕《じょ》か。己《おのれ》の欲《ほっ》せざる所《ところ》、人《ひと》に施《ほどこ》すこと勿《な》かれ」（それは恕だね。自分にしてほしくないことは、人に押しつけないことだ）と答えています。

子貢というのは、頭脳明晰《ずのうめいせき》で孔子の言うことをとてもよく理解していた弟子でした。政治家として、また商人として成功していたのも、頭の回転の速さ、雄弁さがあったからでしょう。もっとも、彼が孔子に出会っていなければ、それだけの人物で終わっていたと思うのですが、孔子から人生で大切な教えを受け、それを実践しようとしていく過程で様々な悩みや壁にぶつかりながら成長していったのだと思います。ある時、子貢は一生を貫いて持つことができる一言はないかと、孔子に尋ねました。

おそらく彼は、孔子が言わんとすることはある程度予想していたのではないかと思うのですが、敢《あ》えて一言で言ってくださいと切り出したのが彼の凄《すご》いところです。この質問に対して、孔子は実に明快な一言で返しました。「其れ恕か」、つまり「恕だね」と言い切ったのです。孔子はさらに「己の欲せざる所、人に施すこと勿かれ」と具体例を挙げていますが、これはなぜでしょうか。子貢であれば「恕」の意味するところは当然分かっていたはずです。にもかかわらず、このような形で孔子が付け加えたのは、おそらく相手が子貢だったからではないかと思います。

例えば、とても頭がよくて雄弁な人が朴訥《ぼくとつ》な人を相手にして、反論できないくらいに言い負かしたとします。言い負かされた人は、何も言い返せず黙ってしまったとしても、それで相手の言い分に納得しているかというと、そうではない場合があります。相手に対する慮《おもんぱか》りや繊細《せんさい》な心遣《づか》いが欠けることで、相手を傷つけていることがあります。

これは私の想像ですが、子貢という人はそういう面で欠けていた部分があったかもしれません。子貢は反省する力のある人物なので、「恕」をより具体的に示すことで、自分は相手の気持ちに構うことなく自分本位だったかもしれない、と自らの行いを省みてくれることを孔子は期待したのではないかと思うのです。

「恕」とは自分の心と同じくらい人の心を大事にすること、つまり究極の仁《じん》です。孔子が「恕」を一番の根底に据《す》えて生きてきたことは、曾子《そうし》が孔子を指《さ》して「夫子の道は忠恕のみ」と語った別の章句からも見て取ることができます。

これはもう皆さんよくご存じだと思いますが、孔子がたくさんの弟子たちの前で話していた際に、「一《いち》以《も》って之《これ》を貫《つらぬ》く」（私の道は一つの原理で貫かれている）とポツリと言った時に、曾子が「そうですね」と答える件《くだり》があります。

まるで禅問答のようで、その意味するところを計りかねた弟子たちが後で曾子に尋ねたところ、返ってきた答えが「夫子《ふうし》の道《みち》は忠恕《ちゅうじょ》のみ」でした。ただし、ここでいう「忠恕」とは、孔子の口から出た言葉ではなく曾子が見ていた孔子像であり、孔子を代弁しての発言に他なりません。

今回ご紹介した章句で、孔子が大事にしている「恕」という言葉を孔子から引き出せたのは子貢によるところが大きいと言えるでしょう。これによって孔子の思いを言い当てた曾子がいかに優秀な人物であるかが分かります。また、孔子がどうすれば一番効果的に弟子に伝えることができるかと考え、くどくど説明しなくても子貢なら分かってくれるだろうという、絶妙な師弟関係を見て取ることもできるのではないでしょうか。

一生を支えてくれるお守り言葉

子供たちには「恕」という言葉の響きが心地よいようです。

これは宮城県塩釜《しおがま》のこども論語塾に通っている当時四歳くらいの女の子のお話ですが、ある時お母さんに「恕」の意味を尋ねたところ、「思いやりだよ」と教えられたそうです。しばらくして保育園のトイレのスリッパが綺麗《きれい》に並べられるようになっているのに気づいた先生が聞いてみると、その女の子がやっていたというのです。

この話を教えていただいた時、「恕」がなんであるかを話してくださったお母さんも素晴らしいと感じたのですが、「恕」という決まった形のないものを、自分なりに考えて実行したその女の子は素晴らしいし、なんと心が柔《やわ》らかいのだろうと思いました。

私は今回の章句を子供たちに教える際には、「一生この一言を知っていたら大丈夫という、お守りになる言葉はなんでしょうか」と投げ掛けた上で、孔子は「恕」と答えていますと話しています。物事を考える上で、根本になることを覚えておけば、それが一生の支えになるからです。

『論語』の章句をたくさん知っていることはもちろん大切ですが、「仁」や「恕」などの言葉を、自分だったらどうすればそれを形にして表現できるかということを普段から考えることはとても大切です。

誰かにこうしなさいと教えられているうちは、自分で考える習慣が身につかないので考えが深まりません。いくら「恕」が大切かということを理屈で分かっていても、具体的にそれが実践できなければそこで成長はとまってしまいます。

孔子は弟子たちに向かってよく「仁」や「恕」が大切だと言い続けてきましたが、それだけではなく弟子がそれぞれ巣立っていった後に、現場において学んできたことをちゃんと生かせているかというところを、とても注意深く見守っていました。

これは弟子に対して、いつまでも手取り足取り教えるわけにはいかないので、大切なことは先に教えてあげて、それをどう表現していけばいいのかをそれぞれが考え続ける。そんな導き方が大切だということを教えてくれている一例だと思います。

ですから特に小さいお子さんたちにも、「恕」という一生のお守りとなる言葉を伝え続けるとともに、どうすればそれを形にできるか考えてみましょう、と語りかけてあげればよいと思います。

●――心通じ合える人は必ずいる

徳《とく》は孤《こ》ならず、必《かなら》ず隣《となり》有《あ》り

――里《り》仁《じん》篇

人間の根や幹になるもの

子供たちと一緒に『論語』を学んでいると、大人でも難しい言葉を子供たちにどのように分かりやすく説明したらよいか、という問題にぶつかることがよくあります。「徳《とく》」という言葉もその一つです。

例えば「仁《じん》」であれば「思いやり」とか「優しい気持ち」といった表現に言い換えることができますが、「徳」にはそのまま代用できる言葉がありません。そこで私は「仁の心やご両親を大切にする心（孝）、信じ合う心（信）、正しさを貫《つらぬ》く心（義）を全部含めた言葉が徳だと考えてください」などと説明することにしています。

徳は人間にとってとても大切なものです。私が幼い頃、祖父・安岡正篤《まさひろ》は「人間には根や幹になる部分と、そうでない部分があるんだ。木は見えないところで根を張っているんだよ」と話してくれました。その時はなんのことだか分かりませんでしたが、祖父は徳というものを、木の根や幹にたとえて教えてくれたのだと思います。

第二章でもご紹介しましたが、祖父が著した『青年の大成』を読むと、人間には「本質的要素」と「属性」の二つがあるとした上で、次のように述べた一節があります。

「人間たることにおいて、何が最も大切であるか。これを無くしたら人間ではなくなる、というものは何か。これはやっぱり徳だ、徳性だ。徳性さえあれば、才智・芸能はいらない。否、いらないのじゃない、徳性があれば、それらしき才智・芸能は必ず出来る」

私は若い頃にこの本を読んだ時、そこまではっきり言い切っていいものかと疑問を持ったこともありました。しかし、いまでは本当にそのとおりだと確信するようになりました。

論語塾の子供たちに徳や仁の大切さを話していると、「徳や仁があれば人間はそれでいいのですか。日頃の勉強は必要ないのですか」という質問を受けることがありますが、徳と知識・技能は決して別々の関係ではありません。

相手を思いやったり、人間的に少しでも向上しようという意欲は大切な徳です。「自分はこのままではいけない」「あんな素敵な人になりたいな」と思うと、知識や技能を身につけずにはいられませんし、自主性や自立性も芽生えてくるでしょう。

祖父が「徳性さえあれば、それらしき才智・芸能は必ず出来る」と言っているのも、そういうことではないでしょうか。

正しい思いを貫く大切さ

儒学《じゅがく》は机上《きじょう》の学問ではなく、実践の学問です。ですから子供たちには「いまやるべき正しいことはこれだと判断したら、ちょっと恥ずかしいと思っても、自信がなくても、勇気を奮って頑張ってやってみることが大切ですね。思ったことを行動に移した時、初めて『論語』の言葉が身近になり、生活に活《い》かされたことになりますね」と説明しています。

しかし、実際に思いを行動に移した場合、自分の行動を正しく理解してもらえるとは限りません。例えば、決めたことをひたむきに真面目にやろうと決意した途端《とたん》、「少しは手を抜いてもいいじゃないか」「あなたは融通《ゆうずう》がきかないね」と笑われてしまうこともあるでしょう。そういう時、相手に同調して自分の意思を曲げてしまうか、正しいと思ったことを貫くことができるか。そのどちらを選ぶかはとても大切なポイントです。

そして、迷った時に思い出していただきたいのが、今回ご紹介する、「徳《とく》は孤《こ》ならず、必《かなら》ず隣《となり》有《あ》り」

です。孔子は「徳を身につけた人は、ひとりぼっちにはならない。近くに住んで親しんでくれる人がきっと現れるものだ」とおっしゃっているのです。

つまり、自分が正しいと思うことをやろうと思うと、一時的には皆に理解されないことがあるかもしれないけれども、意思を貫いていくことで、「私もそう思っていたんだ」「凄《すご》いね」と言ってくれる友達が必ず現れて応援してくれるということです。

徳の一つである思いやりについても同じことが言えます。どんな時でも思いやりの気持ちを持っている人は、いつまでも寂《さび》しい思いを抱き続けることはありません。あなたと同じように優しい気持ちを持った友達が現れて、助け合えるので決して心配することはない。だから思いやりの気持ちは忘れてはならないと孔子は教えてくださっています。

子供たちは仲間はずれとか独りぼっちといった言葉が嫌いですから、この章句に対して理屈ではなく、本能的に反応します。しかし、正しいことを貫こうとすれば時としてそういう辛い場面に遭遇《そうぐう》することもあるし、それは決して悪いことではない。このことを幼心《おさなごころ》にしっかり植え付けておくことは、とても大切だと思います。

誰の心にも響く古典の言葉

この「徳は孤ならず、必ず隣有り」は子供たちだけでなく、私が研修を担当させていただいている企業の新入社員さんにも人気が高い章句です。ある大手企業では高卒、大卒、院卒の約百名を相手にお話をさせていただきましたが、そのほとんどが初めてこの章句に触れ、その意味を知ったと言っていました。

高校時代、難解な文語文法に辟易《へきえき》し、『論語』と聞いただけで毛嫌いしていた若者たちがこの章句を味わい、楽しげにディスカッションする姿を見ながら、古典の言葉は本来、誰の心にも素直に響いてくるものなのだという思いを禁じ得ませんでした。

新入社員の皆さんはこれから社会人として多くの経験を積む中で、厳しい現実に直面することもあるでしょう。そういう時には、ぜひこの章句を思い出して自分を鼓舞《こぶ》し、拠《よ》り所としてほしいと思います。そして新入社員同士、時々顔を合わせては絆を深め、壁に直面した仲間がいた時には、さりげなくこの章句を手紙やメールに添えて送ってあげる。ただそれだけでも、相手にとっては大きな励ましになるに違いありません。

◉——仁の心を大切にする態度が美しい

仁《じん》に里《お》るを美《び》と為《な》す。
択《えら》びて仁《じん》に処《お》らずんば、
焉《いずく》んぞ知《ち》なることを得《え》ん

——里仁《りじん》篇

誰でも持つ仁を発揮して生きる

私が教室でお子さんに接する時、繰り返しお話ししているのが仁《じん》の大切さです。小さいお子さんには一言で「思いやり」と説明していますが、この仁を孔子はとても重視していて、仁について語った章句は百を超えます。

お子さんに「仁と聞いてまず思い出すのは、どの章句ですか」と質問すると、最も多いのが「巧言令色、鮮し仁（第一章　P85）」（上手に飾りすぎた言葉の人や、上辺ばかり格好をつけた表情の人には仁が欠けている）。次に挙がるのは「剛毅木訥《ごうきぼくとつ》、仁《じん》に近《ちか》し（第二章　P82）」（心がしっかりしていて、口べたで飾り気がない人は仁者に近いということができる）です。

そして、もう少し年齢が上がると、今回ご紹介する「仁《じん》に里《お》るを美《び》と為《な》す。択《えら》びて仁《じん》に処《お》らずんば、焉《いずく》んぞ知《ち》なることを得《え》ん」の章句を挙げる子が何人も出てきます。

これは私の好きな章句の一つで、「仁の心を大切にする態度が美しいのだ。自分で選んで仁から離れてしまっては、どうして知恵のある立派な人と言えようか」という意味です。

私が好きな理由の一つは表現の美しさです。里という文字を「おる」と読ませています。この「おる」は「人物がいる」「物を置く」という意味で、私にこの章句を教えてくださった先生は「心の中心に仁を置き、それを拠り所として生きるのはなんて美しいんでしょう」と説明されていました。

孔子は人間は皆、仁の心を持って生まれてきているという性善《せいぜん》説の持ち主でした。仁を拠り所として生き、どのような厳しい状況に置かれたとしても仁を発揮していく、という理想の生き方を貫いたのです。

ですから私もお子さんにこの章句を紹介する時、「みんな仁を持って生まれてきているのに、それを形にできないのはもったいないないでしょう。どのような時も思いやりに溢れた人になりましょうね」という言い方をします。

そしてこう続けます。

「誰でも優しい気持ちは持っています。人に優しくされたら嬉しいし、困っている人を見たら自然に助けたいという気持ちが湧いてくる。その時大切なのは、その思いを行動に移せるかどうかですね。優しくされたら素直に感謝の気持ちを表現し、困っている人にはさっと手を貸してあげられる人になりましょう。ただ単に言葉を知っているというだけでは意味がありませんよ」

思いを行動に移すのは確かに難しい部分もありますが、それを実践することで初めて人としての成長があること、「知恵のある立派な人」とはそういう人であることをお子さんには伝えます。

『論語』には「知者《ちしゃ》は惑《まど》わず、仁者《じんしゃ》は憂《うれ》えず、勇者《ゆうしゃ》は懼《おそ》れず（第四章 P176）」という章句があります。知者というと物知りというイメージがありますが、学問に長《た》けていることに加えて、「きちんと道義を弁《わきま》えている人」という大切な意味があります。何をやるべきか、何が正しいかがはっきり分かっているから惑わないのです。物知りで頭でっかちだけの人は、知者とは到底《とうてい》言えない、というわけです。

理想の政治を目指し続けた孔子

「仁に里る」の章句には、別の解釈もあります。里を文字どおり「人の住む場所」と捉え、「仁者がたくさんいる里は美しい」と解する。これもとても美しい表現だと思います。

二つの解釈のうち、どちらが正しい、間違いということはありません。しかし、この章句が将来、政治の世界で活躍することを目指す弟子たちに孔子が語った言葉だと考えると、「仁者がたくさんいる里が美しい」と解釈するほうがよりピッタリくるのではないだろうかと私は思います。仁によって理想的な政治を実現させるのが孔子の願いだったのですから。

孔子は時に応じて、弟子たちに政治家になる上での大切な心得を説きました。

例えば、子貢から政治の道を聞かれた時、孔子は「食を豊かにし、兵を充実させ、人々に信義を持たせることだ」と答えました。子貢が「その三つの中から何かを捨てなくてはいけない時は、どれを先にすればいいでしょうか」と聞くと、孔子は「兵を捨てよう」と答えます。子貢がさらに「残る二つのうち一つを捨てなくてはいけない時は」と質問すると、孔子はこう答えるのです。

「食を捨てよう。昔から食の有無にかかわらず人は死ぬ。しかし人に信がなくなると社会は成り立たなくなる」

有名な「信無《しんな》くんば立《た》たず」とはこの時の言葉です。

このように孔子は平素《へいそ》から国にとって何よりも大切なのはよき人材だと考えていました。仁の心を持った人が国や地方の村のトップになれば、自らそこには仁者が集まり、美しい里になっていくと考え、弟子たちにもそれを求めたのです。

リーダーに必要な情の世界

「仁に里るを美と為す」という表現に美しさを感じるのは、それがとても詩的だからです。『論語』を読んでいると、このようななんとも言えない美しい表現によく出合います。

為政《いせい》篇の次の章句もその一つです。

「子曰《しのたま》わく、『政《まつりごと》を為《な》すに徳《とく》を以《も》ってすれば、譬《たと》えば北辰其《ほくしんそ》の所《ところ》に居《い》て、衆星之《しゅうせいこれ》に共《むか》うが如《ごと》し』」（徳の心を持って政治を行えば、例えば北極星が真北にあって動かずに、多くの星がそれに向かってくるように、その徳を慕《した》って人々が集まってくるものだ）

これも政治に携わる者の心得を述べた章句ですが、「リーダーは人望が大事だ」と直接的な表現で言うのではなく、理想のリーダーの存在を動かない北極星に例えたところに、孔子がいかに情感豊かな人だったかが窺《うかが》えます。

孔子はとても詩（『詩経《しきょう》』）を好み、弟子たちにもすすんで詩を読むように言っています。これも教養や情緒が豊かであることが、人間、特にリーダーにとって大切な徳であることを知っていたからに他なりません。

そのような視点で『論語』の章句を読んでいくと、より深い味わいが得られるのではないでしょうか。

●——言葉はその人そのものを表す

辞《じ》は達《たっ》するのみ

——衛霊公《えいれいこう》篇

言葉は人に伝えるためだけにある

お子さんと一緒に『論語』を素読していると、簡潔な言葉ほど深い意味が込められていると感じることがよくあります。長い章句にも素敵な言葉はたくさんありますが、短い章句は音として覚えやすい上に、その言葉の奥にとても豊かな世界が広がっているように思うのです。

今回ご紹介する「辞《じ》は達《たっ》するのみ」もその一つです。これは第二章の「巧言令色《こうげんれいしょく》、鮮《すくな》し仁《じん》」と同じく、お子さんにとても人気があり、私自身も好きな章句です。

お子さんには、「辞」を「言葉」という意味に置き換えて、「言葉は人に伝えるためだけにある」「伝える手段である」と説明しています。つまり、伝えたいことがきちんと相手に伝わればいいのであって、余計な装飾《そうしょく》や意味が分からなくなるような言い回しはしてはいけないということです。

このように現代語訳を見ても非常に簡潔な言葉ですが、伝えるべき相手にきちんと伝えるには、どれだけその人が語彙力《ごいりょく》を備えているか、どれだけ表現力が豊かであるかが求められるのです。

私はこのことをお子さんに分かりやすく伝えるために、自分が行った先々で見た風景や心に残った出来事などを授業の中でお話しするようにしています。

例えば、車窓《しゃそう》から富士山が綺麗《きれい》に見えたことを伝えようとした時に、「富士山が綺麗でした」だけでは、どんなふうに綺麗だったのか伝わりません。

見たままの美しさを言い尽くすことは極めて難しいのですが、「上のほうは白い雪が被《かぶ》っていて、空が青かったので、とてもくっきり見えて綺麗でした」とか「裾野《すその》が遠くまで広がっていて、とても雄大《ゆうだい》な感じがしました」とお話しすると、聞いているお子さんもどんな風景だったのかを想像することができます。

このような話をした上で、私はお子さんに次のような問いかけをします。

「言葉のない世界って考えたことある？　生きていて、字も読まない、話も聞かない、自分でも喋《しゃべ》らないことって、まずないでしょ」

中には事情があってそれができない方もいらっしゃいますが、私たちは普段、何かしら言葉を発したり、話を聞いたり、文字を読んだりして暮らしています。つまり、人間は言葉と一生付き合っていく生き物なのです。

「辞は達するのみ」は、「自分の伝えたいことを簡潔に相手に伝える。余計な装飾はいらない」という意味ですが、だからといって、味も素《そ》っ気《け》もない説明でいいかと言ったら、そうではないと思います。

自分が素晴らしいと感じたものは豊かに表現できなければいけません。そのためには、語彙力のある人と話したり、本を読んだりすることが大切ですし、言葉そのものだけではなくて、素敵な音楽や芸術に触れ、感性を磨いていくことも必要でしょう。

ですから、「言葉はその人そのものを表す」とは、まさに至言《しげん》といえるのではないでしょうか。

大人にこそ必要な言葉

会話のみならず、自分の書いた文章を読む人に伝えられるかということも「辞は達するのみ」の大切な要素です。

お子さんが小学校に上がれば、与えられたテーマに沿《そ》って感想文を書いたり、文章を読んだりする機会も増えていくでしょう。さらに社会人になると、限られた字数の中で報告書を簡潔に書いたり、口頭で受けた指示を理解して形にしていかなければなりません。

企業の新人研修でもこの話をするのですが、皆さん研修でレポートをまとめることに苦労しているようで、身を乗り出すようにしてとても真剣に聞いてくれます。

私は時間を見つけては、いろいろな方の講演会に出かけています。心を打つお話というのは、もちろんその内容も感動的なのですが、それ以外には、その方の話しぶりや使う単語、表現の仕方などが大きく影響しているように感じます。

そして何よりも、その言葉を発しているその方自身のお人柄が大きいと思います。お話を伺っていると、「なるほどあの人はこういう言い方するんだ」「私の言い回しより、品がよくていいなぁ」と、私自身勉強になることがよくあります。

だから、この「辞は達するのみ」はお子さんだけに当てはまる言葉ではなく、私たち大人にこそ必要な言葉なのだと思います。

耳から入るものが大切

私が『論語』の講師をさせていただいている保育園で、緑陰講座《りょくいん》をやっていた時でした。ひとしきり素読《そどく》が終わると、一番前に座っていた女の子が、私にこう言ってきたのです。

「ねえねえ、じはたっ、するのみって、なんかの実がでてくるの？」

保育園に通うお子さんはまだ字が読めないので、「達するのみ」を「〇〇の実」だと思ったのでしょう。子供って本当に可愛《かわい》いなと思いながら、

「なんの実かしらね。なんかの実が出てきたら面白いわね」

と言うと、その子は頷《うなず》きながらニコッと笑っていました。

その後、このエピソードを大人の方にお話しする機会があったのですが、それを聞いた方から、

「そこで本当の意味を言わなかったんですか」

と尋ねられました。私はその方にこうお答えしたのです。

「でも、その子がせっかく実だと思っているので、その感性を尊重したいなって思ったんです。小学校に入って、この字を見た時に、必ず気がつくと思うので、それって本当に短い期間じゃないですか。だから、もうそれ以上は言いませんでした」

言葉は耳から入って覚えるものです。特に、お子さんは周囲の大人が話している言葉から喋り始めるため、どのような言葉が耳から入ってくるかがとても大切になってきます。私自身、幼稚園や保育園のお子さんと素読をしていて、この時期にいい言葉を音で聞かせることは大変意味のあることだとつくづく実感しています。

いま一緒に素読しているお子さんは、ほとんど意味も分からずに読んでいるわけですけれど、それがいつか必ず表現力や思考力の向上、内面の充実に繋《つな》がっていくのだと思うと、将来が楽しみでなりません。

◉――公平に人を見る目を持つ

君子《くんし》は周《しゅう》して比《ひ》せず、小人《しょうじん》は比《ひ》して周《しゅう》せず

――為政《いせい》篇

いつも公平な目で人を見られるか

「君子《くんし》は誰とでも広く公平に付き合って偏《かたよ》った付き合い方をしない。ところが、小人《しょうじん》はそれと反対に、一部の人とばかり付き合って、広く人と付き合うことをしない」

章句を訳すると以上のようになります。ここには人と付き合う上で、あるいは人を見る上で大切な心得が説かれています。

私たちは日常生活で「どうもあの人は苦手だな」と思う人には距離を置こうとしますし、親しい家族や感性が同じような友人であればいつも一緒にいたいと思います。これは大人も子供も一緒でしょうが、特に大人になると利害やしがらみが絡《から》んでくるので、人との付き合い方はより複雑になります。しかし、どのような状況にあっても公平な目で相手を見ることができるか。大切なのはそこのところだと孔子は教えているのです。

曇《くも》りのない目を通して人を見る上で何より大切なのは、まず自分自身が仁《じん》（思いやりの心）を持っているかどうかです。相手の言葉を受け止めるにも、日頃の付き合いの深浅《しんせん》ではなく、その言葉が本当に正しいかどうかを私心のない心で受け止めなくてはいけません。

このことは二千五百年前の孔子の生きた春秋時代でもとても大切なことでした。当時は様々な思惑《おもわく》のある人たちが権力の座を巡《めぐ》って激しい争いを繰り返す下克上《げこくじょう》の世の中でした。力ある者に取り入って自分だけがいい思いをしようとしたり、言葉が巧《たく》みで心も邪《よこしま》な者が実権を握っていました。

孔子はそういう現状を誰よりも嘆かわしく思っていたからこそ、仁を根本とした人との付き合い方、人を見る目の大切さを教育したのだと思います。

仁の目で周囲の人を見渡した時、苦手と思っていた人が自分にはない素晴らしい能力を秘めていることや、寡黙《かもく》で目立たないけれども仕事をきちんとこなしてくれている人がいることなど新たな発見が得られることでしょう。

人間にとって一番大切なもの

論語塾で小さいお子さんにこの章句を教える時、例えばこのようなお話をします。「自分の仲のいいお友達の意見ばかり聞かないで、そうでない子の意見も一所懸命に聞くようにしましょう。仲のよい子の意見が正しいとは限らないし、普段あまり感じがよくないと思っている子が正しいことを言うかもしれません。どんな人の意見も、どれが正しいかは自分で判断しなくてはいけません」

「その時大切なのは仁《じん》です。仁がない人には正しい判断はできません。だから、皆さんは自分の中にある仁をいつも大事に育てていってください」

私は、一つひとつの出来事を捉《とら》えて「こうしなさい」「これをしてはいけません」と細《こま》かに言い聞かせるよりも、人間には何が大切かを話してあげることがより重要で効果的だと考えています。それがまさに仁です。まず仁者になろうと心掛けることで、人に優しくなれるし、我がままを抑《おさ》えて皆と調和しながら生きていくことができます。そういう思いから、私は毎回の授業で必ず仁の大切さをお話ししています。

もちろん、仁の表し方は人それぞれです。小さいお子さんであればお母さんの手伝いをしたり、友達と仲良くしたりすることがそうでしょう。学年が上がれば我が身を犠牲《ぎせい》にしてでも苦しむ人々のために生きた聖者、偉人に憧《あこが》れ、社会や人のために役立つ職業に就《つ》きたいと願うようになるのです。

幼少期の素読はやがて大きく花開く

このように『論語』の言葉がその人の進路をも左右することを考えると、幼い頃に音として『論語』を体に吸収させておくことがいかに大切かを考えさせられます。

最近も、いくつかのエピソードがありました。京都の教室でのことです。その教室はお寺が会場です。畳《たたみ》の部屋に座布団《ざぶとん》を敷《し》いて座ります。十分、十五分もするとチョロチョロと歩き回る子が出始めます。そんな子のお母様が、ある時、話してくださいました。学校で「お友達付き合いで一番大事なことはなに？」と質問されて、その子は「仁、思いやりの心です」と答えたというのです。「全然、授業を聞いていないようでも、分かってくれていたんですね」と。お母様は嬉しそうでした。

もう一人、通っている保育園でやんちゃな子に叩かれている男の子がいました。「やめて」と言ってもやめてくれなかったそうです。叩かれた子のお母様は、解決策はないかと悩んでいました。男子は多少腕白《わんぱく》なほうがよいという考えもあり、「たまにはやりかえしちゃいなさい」と言ったそうです。するとその子は健気《けなげ》にこう答えたのです。「でも叩いたら仁のない人になるでしょ」と。

子供たちが『論語』の言葉をそれぞれの立場で吸収してくれていることを教えられる貴重なお話でした。大切な仁という言葉がいつの間にか浸透《しんとう》しているとしたら、こんなに嬉しいことはありません。

ただ保育園の彼がうまく解決できているといいのですが。

中学生くらいになると、小さい時に覚えていた『論語』の言葉の意味をより深く理解できるようになります。学校の授業では難しい、古めかしいと感じがちな『論語』ですが、素読を続けてきた中学生は新鮮で面白い書物であることを実感として掴《つか》むのです。『論語』の言葉を心の拠り所にしていく子や、将来世の中の役に立ちたいという基準で進学先を考える子もいます。

物事を損か得かという物差しでしか測《はか》れない人もたくさんいる中で、縁のあった中学生たちが「人間はお金持ちになるだけでは幸せにはなれない」「誰かの役に立ちたい」という感性を培《つちか》っていくのは、とても素晴らしいと感じます。

私は幼い子に仁を説明するのに「思いやり」という言葉を用いていますが、ある程度『論語』が分かってきた中学生には志の大切さをお伝えします。志とは仁を具体的な形にすることだと考えるからです。

サッカーや勉強を頑張ることでもいいし、憧れの人のようになれるよう努力することでもいい。その年齢に相応しい目標に向かって努力することは、子供たちなりの志です。しかし、熱中するあまり、自分の喜び、自分の幸せばかり考えるようではいけません。そこに家族や友達、周囲の人たちの喜びや幸せを思う気持ちがあってこそ、本当に志や仁のある生活といえるのです。そういう大人になってほしいと願いながら私も毎日の授業に臨んでいます。

●——人生の根本に置くべきもの

知者《ちしゃ》は惑《まど》わず、仁者《じんしゃ》は憂《うれ》えず、勇者《ゆうしゃ》は懼《おそ》れず

——子罕篇

知・仁・勇は君子の必須アイテム

こども論語塾に集まってくる子供たちに時々「私たちは、君子《くんし》をめざしている途中にいます」と語りかけています。

では、君子とはどういう人物なのでしょうか。『論語』には仁《じん》や孝《こう》、忠《ちゅう》、信《しん》といった人間が立派に生きる上で欠かすことができないキーワードがたくさん出てきますが、あえてそれを集約すれば、今回の章句でご紹介する知《ち》・仁・勇《ゆう》の三つの要素になるのではないかと思います。この三つを兼ね備えた人物こそがまさに君子といえるでしょう。

知者《ちしゃ》、仁者《じんしゃ》、勇者《ゆうしゃ》のそれぞれのタイプについて、『論語』の記述はとても明快です。

「知者は（いろいろなことを知っていて判断力があるので）迷うことがない」

「仁者は（優しくて、広くゆとりのある心があるので）穏やかな気持ちで過ごすことができる」

「勇者は（正しいことを実行できる強い心があるので）恐れることがない」

幼い子供たちにこの話をすると、はっきりと意味は分からなくても「君子って凄《すご》い人なんだな」という印象を持ってくれます。特に男の子に反応がいいのが三つ目の

「勇者」。これにはテレビでお馴染《なじ》みのアニメキャラクターの影響もあるのでしょうが、「勇者ってどんな人？」と聞くと、「人のために自分を犠牲《ぎせい》に出来る人」「悪い人と戦える人」といった答えが返ってきます。

テレビの影響とはいえ、このようにサラリと言い切れる子供たちの素直さと感性の鋭さに私はいつも驚かされています。

アニメのキャラクターだけではありません。自分の周囲にいる人や歴史上の人物、スポーツ選手、芸能人などの中から尊敬する人を自由に挙げてもらったところ、「私はお母さんみたいに心の優しい仁者になりたい」「僕は科学者のようにたくさんのことを知っている知者がいい」「いつも優しい気持ちを持つことなら、僕にだってできるよ」

と反応は様々。尊敬する人がこの三つのタイプのどれかに当てはまっていることに気づいたら、私は一つの質問を投げかけてみます。

「みんなも、まずそういう人たちを目標にするといいね。でも、もしこの知・仁・勇の三つがすべて揃《そろ》っている人がいたとしたら、それは最高だと思わない？」

一瞬沈黙があって、やがて大きく頷《うなず》く子の姿が見られます。

「知者というと知識をいっぱい持っている人をイメージするでしょう。学問ができる人はそれでとても素晴らしいかもしれない。でも孔子先生は知識だけの頭でっかちになっちゃだめだ、毎日の生活の中で学んだことを実践することこそが大切だとおっしゃっています。大切なのは、学びを生かせる人になることですね。ただ、その時に決して忘れてはいけないことがある。分かりますか？」

そこまで話すと、子供たちは「勇気」や「思いやり」といった答えを返してくれます。

「そうですね。学んで正しいと判断したことは、みんながなんと言おうと勇気を持って行わないといけない。しかし、勇気だけあってもそこに思いやりが欠けているようでは正しいことをやったとは言えませんね」

このように何事も知・仁・勇のバランスが取れてこそ本当の君子であること、言い換えればこの三つは君子の必須《ひっす》アイテムということを子供たちにはしっかり理解してほしいと思ってお話をさせていただいているのです。

呻吟する中で掴む『論語』の言葉

せっかく学んでいるからには、やはり君子になろうとする努力が必要です。子供たちには、まず知者・仁者・勇者の中から自分がなりたいものを一つ選んで挑戦し、それに近づいてきたなと感じたら、次に別のどれかにチャレンジするようアドバイスしています。

もちろん、このうちの一つでも体得しようとすれば大変な努力が必要ですし、「ここまで来たから完成」というものでもありません。子供たちがやるのは勉強を頑張ったり、家のお手伝いをしたり、困っているお友達を助けたりという小さなことばかりです。しかし、小さな日々の実践の積み重ねを通して君子に一歩一歩近づいている感覚を掴んでくれたら、こんなに嬉しいことはありません。

君子を目指さなくてはならないのは子供たちだけではありません。私たち大人も同じです。私は初心者のための「大人論語塾」の講師も務めさせていただいていますが、同じ章句を学ぶのでも、大人と子供ではまったく受け止め方が違うことに気づかされます。

大人になって『論語』に触れた方の多くは、幼少期から今日までの様々な人生経験と照らし合わせて『論語』の言葉の深み、そして実践の難しさがよく分かっておられるからです。

知・仁・勇という言葉に関しても、知識があるから判断を間違わないという保証はなく、逆に知識に惑わされて判断を誤ってしまう危険性があることを皆さんよくご存じです。勇気の大切さは分かっていながら、生活のかかった職場の中で孤立覚悟で正義を貫くのが簡単ではないことにしてもまたしかりです。

そして、そういう私たちの心情を誰よりもよく理解し、自らもまた「どうしたら善《よ》き人間になることができるか」と考え、身を修める努力を怠《おこた》らなかったのが、ほかならぬ孔子その人ではなかったかと私は思います。

『論語』の言葉は、そういう呻吟《しんぎん》の中で孔子が掴み取っていった境地であり、私たちも多くの壁を乗り越える中でその言葉に共感するようになります。そこに『論語』を学ぶ一つの楽しさがあるように思います。

無垢《むく》な子供たちもいずれ社会の荒波に揉《も》まれる時がやってきます。仮に豊富な知識を身につけていたとしても、大切なのはそれを現実の場で正しく使えるかどうかです。ですから、私はことあるごとに「何事も自分で考え、行動する習慣をつけましょう」

と子供たちに言っています。

人生に迷った時、道を正しく選択できるかどうかはその人次第。

知・仁・勇を常に人生の根本に置くことで、目の前の壁は乗り越えられると信じています。

おわりに

論語塾を十年続けていると、子供たちの成長の早さに驚かされます。たとえば最初の頃、四歳だった子が、いまは十四歳の中学二年生です。そうした子が、論語塾からいったん遠ざかり、夏休みなどに弟や妹が習うようになったから顔を出しました、などと言ってやってくることがよくあります。私が言うのもおかしいのですが、論語塾に長年通っていた子は皆よくできたお兄さんお姉さんになっています。

教室に入ってくる時は大きな声できちんと挨拶ができるし、教室で退屈しているような小さな子供の相手を積極的にしたりしてくれます。あるいは、素読で声を出す訓練ができたせいか、人前できちんと話ができるようになったとか、文章も自分の言葉できちんと書けるようになったという話を父兄からもよく聞きます。

子供たちが成長するように、教える側の私もいろいろと成長させていただきました。

最初の頃は、素読をしたり解説をする時に間違えてはいけない、と家でしっかり練習をしたものでした。もちろんそうした努力は大切なのですが、いくら机の前で勉強しても身につかないことがたくさんあります。小学校の低学年の子供が相手の時には、これくらいのスピードじゃないと素読は無理だな、解説もこれじゃあ難しすぎるな。そういったことは経験の中でしか身についてはこないのです。

「巧言令色《こうげんれいしょく》、鮮《すくな》し仁《じん》」という有名な言葉があります。素読《そどく》の時、これを一気に読む先生もいますが、私は小さな子に耳で聴いただけでも頭に入るよう「巧言令色」と「鮮し仁」の二つに分けて素読をします。

私が「巧言令色」と読むと子供たちも「巧言令色」と言い、「鮮し仁」と読むと子供たちが「鮮し仁」と続けるのです。最初の頃は自分が読むことだけで精一杯でした。何年かすると子供たちの声がようやく耳に入るようになってきました。さらに経つと子供たちのイントネーションを聞いて「ああ、私もこんなふうに発音しているんだ」と思うようになりました。

つまり普通は「鮮し仁」の「じん」の部分を短く言うのですが、私は「じ・ん」とゆっくり力を込めて発音しているのでした。それは私自身が「仁」の言葉を大切だと思って伝えているから無意識に力を込めて読んでいたからなのでしょう。逆にそのことを子供たちに教えられた思いでした。

素読はライブです。私の言ったとおりに伝わり、それが返ってくるのです。そうした点では、自分自身の心のありようを写し出す鏡のようなものだとも言えるかもしれません。だからこそ、正しく美しい言葉をきちんと心を込めて素読しないといけないと学ばせてもらいました。

人前に立つ前にやっておかないといけないことはたくさんあります。失敗したらどうしよう、子供たちがつまらなさそうな顔をしていたらどうしよう、そんな不安に駆《か》られてしまうことが、これまで何回もありました。でも、現場に出なければ分からないこともたくさんあると思います。だからあまり考え過ぎないで、まずはやってみることが大事だと思うのです。

私の教室は本当に楽しい論語塾です。それだけが自慢です。子供たちの素読する姿を見たら、こんなふうでいいんだと自信が持てるほど、みんなが自由に楽しんでいます。

さあ、皆さんもぜひ元気に『論語』の素読を始めてみてください。きっと楽しい論語塾になるでしょう。

本書は、月刊『致知《ちち》』での連載（二〇一二年四月号～二〇一四年三月号）をもとに加筆修正してまとめたものです。

〈著者略歴〉
安岡定子（やすおか・さだこ）
昭和35年東京都生まれ。二松學舎大学文学部中国文学科卒業。安岡正篤師の孫。論語教室の第一人者として知られ、「こども論語塾」講師として全国に20か所の定例講座を持つ。著書に『はじめての論語』（講談社）『心を育てる こども論語塾』（ポプラ社）『子や孫に読み聞かせたい論語』（幻冬舎）などがある。

楽しい論語塾

平成二十六年二月二十四日第一刷発行

著者 安岡 定子
発行者 藤尾 秀昭
発行所 致知出版社
〒150-0001東京都渋谷区神宮前四の二十四の九
TEL（〇三）三七九六―二一一一
印刷 ㈱ディグ 製本 難波製本
落丁・乱丁はお取替え致します。 （検印廃止）

ISBN978-4-8009-1030-1 C0095
ホームページ http://www.chichi.co.jp
Eメール books@chichi.co.jp